MIX
Papier aus verantwortungsvollen Quellen
Paper from responsible sources
FSC® C105338

Bibliografische Information der Deutschen Nationalbibliothek

Die Deutsche Nationalbibliothek verzeichnet diese Publikation in der Deutschen Nationalbibliografie; detaillierte bibliografische Daten sind im Internet über http://dnb.dnb.de/ abrufbar.

Für Fragen und Anregungen:
info@remote-verlag.de

ISBN Ebook: 9783948642105
ISBN Print: 978-3948642099
ISBN Hardcover: 978-3948642112

Erste Auflage 2020
Zweite Auflage 2021
Dritte Auflage © 2023 by Remote Verlag, ein Imprint der Remote Life LLC, Powerline Rd., Suite 301-C, 33309 Fort Lauderdale, Fl., USA

Covergestaltung und Satz: Verena Köpper
Korrektorat: Katrin Gönnewig, Markus Czeslik
Lektorat: Katrin Gönnewig, Isabelle Gubisch
Redaktion: Dr. Li Töppe
Grafiken: S. 15 + Kapitelbeginn 1: jesadaphorn, Kapitelbeginn 2: Mogil, Kapitelbeginn 3: hobbit_art, Kapitelbeginn 4: Innart, Kapitelbeginn 5: yupiramos auf depositphotos, restliche Grafiken: Verena Klöpper

www.remote-verlag.de

Inhaltsverzeichnis

Einleitung:

Leadership als multidimensionale Aufgabe

Führungskraft sein ist eine multidimensionale Aufgabe. Effektive Führungskräfte beherzigen und beherrschen fünf Rollen, die der Job der Führungskraft in jeder Branche mit sich bringt:

Rolle 1: Überzeugender Kommunikator
Rolle 2: Effektiver Manager
Rolle 3: Motivierender Team-Leader
Rolle 4: Empathischer Psychologe
Rolle 5: Geschickter Problemlöser

Dieses Buch befähigt Sie dazu, diese fünf unterschiedlichen Rollen zu meistern und eine effektive und sympathische Führungskraft zu werden.

Als **Kommunikator** geht es darum, charismatisch aufzutreten und die Mitarbeiter und Geschäftspartner zu überzeugen. Dafür brauchen Sie die Körpersprache und Stimme eines Leaders sowie argumentative Überzeugungstechniken, mit denen Sie Ihre Gesprächspartner in Ihrem Sinn beeinflussen können.

Natürlich zählen auch Zuhörerqualitäten zum rhetorischen Repertoire jeder erfolgreichen Führungskraft. Als professioneller Kommunikator schaffen Sie auch eine offene Feedbackkultur in Ihrer Firma. Sie kommunizieren Werte und Visionen so, dass Ihre Mitarbeiter gern und motiviert zur Arbeit gehen.

Dieses Buch vermittelt Ihnen die Rhetorik-Tools, mit denen Sie souverän den Kommunikationsalltag meistern (Kapitel 1).

Als **Manager** möchten Sie effektiv und effizient arbeiten. Dafür gibt es bewährte Techniken. Mithilfe der hier vorgestellten Effizienz- und Effektivitäts-Tools können Sie Ihren Output vervielfachen, ohne sich zu überarbeiten. Die in diesem Buch vorgestellten Techniken lassen sich sehr einfach in den Alltag integrieren. Dazu gibt es praktische Übungen für Sie, mit denen Sie sich schnell an die Produktivitätstechniken gewöhnen und sich diese rasch zur Gewohnheit machen (Kapitel 2).

Als **Team-Leader** motivieren Sie Ihr Team und delegieren Aufgaben an Ihre Mitarbeiter. Sie geben klare Richtungen vor und sorgen dafür, dass die unternehmerischen Pläne – trotz manchmal unvorhergesehener Schwierigkeiten – erfolgreich umgesetzt werden. Vor allem die Frage, wie Sie einzelne Mitarbeiter nachhaltig motivieren können, spielt im Alltag eine überragende Rolle. Aber auch die Kunst, Gruppen richtig zu führen, erfolgreich zu verhandeln und den Führungsstil an den jeweiligen Reifegrad des Mitarbeiters anzupassen, gehören zu den notwendigen Leader-Skills (Kapitel 3).

Als **Psychologe** sollten Sie die unterschiedlichen Persönlichkeitstypen kennen und jedem Mitarbeiter seinem Charakter entsprechend empathisch begegnen. Sie lernen hier das Wesentliche über Menschentypen und wie Sie auch mit schwierigen Mitarbeitern eine gemeinsame Basis finden. Zudem ist das Mitarbeitergespräch der Schlüssel zu Ihrem Mitarbeiter. Dieses erfolgreich zu meistern sichert Ihnen den Erfolg. Auch für das Thema Teambuilding sind Sie natürlich verantwortlich – sowohl bei der Einstellung neuer Mitarbeiter als auch im bestehenden Team geht es darum, dass die Mitarbeiter sich als Team begreifen und an einem Strang ziehen (Kapitel 4).

Als **Problemlöser** managen Sie die Konflikte innerhalb Ihres Teams und sind verantwortlich für das Change Management: Notwendige und manchmal auch unpopuläre Entscheidungen müssen im Sinne des Unternehmens umgesetzt werden. Von der Fähigkeit, wie Sie Konflikte lösen und notwendige Veränderungen anstoßen, hängt Ihr Erfolg als Führungskraft ab. Die hier vorgestellten Problemlösungs-Tools werden Ihnen helfen, diese Rolle professionell auszufüllen (Kapitel 5).

Diese fünf Rollen zu beherrschen ist natürlich eine Herausforderung. Doch glauben Sie mir: Diese Herausforderung wollen Sie meistern!

Denn es bringt Ihnen eine innere Erfüllung, sich auf den Weg zu machen zu einer idealen Führungskraft und zu spüren, dass Sie immer besser managen und immer besseres Feedback von Mitarbeitern und Kunden bekommen.

Dieses Buch dient dazu, Ihnen die besten Tools für die fünf Rollen der Führungskraft in nur wenigen Stunden kurz und verständlich nahezubringen. Im Folgenden gibt es daher kein pseudowissenschaftliches Geplänkel und auch keinen Fußnotenfetischismus, sondern es geht gleich zur Sache.

Ihr kostenloser Videokurs:

«5 Mindset-Tools und Live-Coachings zu den 5 Rollen einer Führungskraft»

Liebe Leserin, lieber Leser,

dieses Buch vermittelt das theoretische Fundament der «5 Rollen einer Führungskraft». Doch was wäre die Theorie ohne Praxis? Und was wären Skills ohne das richtige Mindset? Ich möchte Ihnen in einem kostenlosen Videokurs zeigen, welche 5 Mindset-Tools erfolgreiche Führungskräfte nutzen und wie wir die Theorie aus diesem Buch in echten Live-Coachings zum Leben erwecken können. Dabei bringen meine Kundinnen und Kunden ihre ganz individuellen Herausforderungen mit ins Coaching und es ist sehr spannend zu sehen, was ihnen in einem Rollenspiel mit mir gut gelingt und wo das Gespräch aus dem Ruder läuft. Nach jeder Coaching-Situation gibt es natürlich ein Feedback zum Rollenspiel. Die jeweiligen Coaching-Situationen sind aus dem echten Leben gegriffen und behandeln Themen wie Kritikgespräche, Mobbing, Selbstbewusstsein, Grenzen der Freundlichkeit unter Kollegen, Schlagfertigkeit im Beruf sowie viele weitere Führungsthemen.

Diese exklusive Videoreihe wurde speziell entwickelt, um das Wissen aus diesem Buch zu vertiefen und Ihnen realitätsnahe Beispiele zu liefern. Nutzen Sie die Gelegenheit, «Die 5 Rollen einer Führungskraft» nicht nur in der Theorie zu erlernen, sondern auch täglich zu leben! Sie finden den Kurs über den Link https://5rollen.argumentorik.com oder über den folgenden QR-Code:

https://5rollen.argumentorik.com

Melden Sie sich jetzt kostenlos an und verwandeln Sie die Theorie in gelebte Erfahrung!

Ihr,

Wladislaw Jachtchenko

Die 5 Rollen einer Führungskraft

Starten wir mit der ersten und wichtigsten Rolle – der Führungskraft als professionellem Kommunikator. Für jede Führungskraft gilt: Kommunikation ist nicht alles, aber ohne Kommunikation ist alles nichts. Denn den größten Teil des Tages kommunizieren Führungskräfte mit Mitarbeitern, mit Kunden, mit den eigenen Chefs, per Telefon, per E-Mail, Face-to-Face, in Videokonferenzen. Es ist offensichtlich, dass es von unschätzbarem Wert ist, erfolgreich zu kommunizieren.

Und es ist ein offenes Geheimnis, dass nicht alle Führungskräfte ihr kommunikatives Potenzial ausgeschöpft haben. Daher gibt es im Folgenden spezielle Rhetorik-Tipps für Führungskräfte, mit denen Sie Ihren kommunikativen Alltag besser managen werden.

DER KOMMUNIKATOR

Rhetorik für Führungskräfte

Schnellübersicht zum Kapitel:

1. Argumente sind «SEXI»
2. Reden ist Silber – Zuhören ist Gold
3. Körpersprache ist King
4. Die Stimme bestimmt die Stimmung
5. Offene Feedbackkultur schaffen
6. Werte und Visionen klar kommunizieren

1.1 Argumente sind «SEXI»

Führungskräfte sollten überzeugen können. Doch womit überzeugen sie am besten? Mit einem überzeugenden Argument. Doch wissen die meisten nicht, aus welchen Elementen ein überzeugendes Argument besteht. Das erste Tool, was ich vorstellen möchte, ist das sogenannte SEXI-Modell. Es ermöglicht Ihnen, in nur vier Schritten Ihre Argumentationsfähigkeit zu steigern und Ihre Kollegen und Kunden schneller zu überzeugen.

a) Erste Stufe des Arguments: Das Statement

Jeder gute Überzeugungsprozess beginnt mit einer These. Also dem Statement. Ihr Mitarbeiter bzw. Ihr Kunde muss zunächst den Ausgangspunkt Ihres Gedankengangs kennen. Es bietet sich an, das Statement möglichst klar und deutlich am Anfang eines Gesprächs zu formulieren. Ohne große Umschweife. Denn erstens haben unsere Gesprächspartner selbst wenig Zeit für lange Vorgeschichten. In jeder Position und Rolle haben Menschen heutzutage alle einen überfüllten Terminkalender (zum Thema effiziente To-do- Listen kommen wir im Abschnitt Effizienz- und Effektivitätstechniken). Und zweitens freuen sich Menschen auch ohne Zeitdruck und Stress, sofort zu wissen, was Sache ist.

b) Zweite Stufe des Arguments: Die Explanation

Direkt nach dem Statement folgt die zweite Stufe des Arguments: die Explanation. Also die Erklärung, warum das Statement richtig ist. Als Coach stelle ich seit bereits mehr als 15 Jahren fest, dass dieser Bereich der Argumentation den meisten Führungskräften am schwersten fällt. Oft wird das Statement lediglich in zwei bis drei Sätzen erklärt. Das ist problematisch, weil viele Sachverhalte im Alltag alles andere als klar und eindeutig sind und wir daher einen größeren Begründungsaufwand erbringen müssen, um den anderen von der neuen Idee zu überzeugen.

Dabei ist die Ursache für die unvollständige und ungenügende Erklär-Kompetenz relativ verständlich. Wir selber denken, dass das, was wir als Statement vorschlagen, eine ziemlich gute Idee ist. Was wir dabei vergessen: Für den anderen ist das eine meist komplett neue Idee. Er braucht gute Gründe, um sie wohlwollend anzunehmen.

Oder um es anders zu formulieren: Seit unserer Kindheit haben wir alle ein ausgeprägtes Erklärungsbedürfnis. Schon als Kinder stellten wir ständig Warum-Fragen und wollen auch heute genau verstehen, warum sich etwas so und nicht anders verhält. Wenn Sie als Führungskraft zum Beispiel beschließen, dass es in Ihrer Firma oder Abteilung ab jetzt kein Homeoffice mehr geben soll, dann stellt sich bei den Mitarbeitern sofort die Frage: «Waruuuum???»

Und jetzt sollten Sie eine gute Erklärung liefern. Die meisten machen nun folgenden Fehler: Statt bei einem Begründungsstrang zu bleiben und diesen richtig gut auszuführen, reihen sie unterschiedliche Begründungspunkte aneinander, ohne in die Tiefe zu gehen. Das klingt dann etwa so:

Liebe Mitarbeiter,
da das Thema Homeoffice von einigen von Ihnen angesprochen wurde, möchte ich mich hierzu äußern. Das Homeoffice wird es in unserer Abteilung nicht mehr geben, weil der problemlose Kontakt zu Kollegen nicht sichergestellt ist,

Teams sich auseinanderleben und wir die tatsächliche Arbeitszeit nicht überprüfen können. Darüber hinaus ist es auch in Ihrem Sinn, weil Sie so Berufliches und Privates besser trennen können und Studien gezeigt haben, dass Homeoffice zu Schlafstörungen führt. Ich hoffe, angesichts dieser Gründe haben Sie Verständnis.

Fällt Ihnen etwas auf? Die Führungskraft hat keine dieser fünf Begründungen auch nur ansatzweise erläutert. Es war eine reine Aufzählung. So etwas überzeugt (fast) niemanden. Stattdessen wäre es im Sinne einer begründenden Redeweise förderlich gewesen, einen oder mehrere dieser Punkte ausführlich zu erklären. Zur Orientierung hat sich meine 10-Sätze-Regel bewährt: Wenn Sie eine Begründung haben, erläutern Sie sie in ungefähr zehn Sätzen. Zum Beispiel der Punkt, dass der «problemlose Kontakt zu Kollegen nicht sichergestellt ist». Diese Aussage ist erklärungsbedürftig. Warum ist der Kontakt nicht sichergestellt? Was sind die Probleme? Wie verhindert der unterbrochene Kontakt die internen Prozesse? Welche konkreten Schäden resultieren hieraus, speziell für die Abteilungen? Diese und andere Fragen sind es, die innerhalb dieser zehn Sätze erklärt werden sollen.

Wenn Sie die einzelnen Begründungspunkte also näher erläutern, steigern Sie Ihre Überzeugungskraft immens! Dabei haben übrigens bereits die alten Römer den Tipp gegeben: argumenta ponderantur, non numerantur – Argumente sind schwer(wiegend) zu machen, nicht zahlreich!

c) Dritte Stufe des Arguments: Das Example

Die dritte Stufe des Arguments ist das Example, also das Beispiel. Es veranschaulicht die Argumentation. Was Beispiele sind, brauche ich nicht zu erläutern. Jedoch, was gute Beispiele ausmacht: Ein gutes Beispiel ist (a) überprüfbar, (b) leicht verständlich und am besten (c) allseits halbwegs bekannt. Mit überprüfbar ist gemeint, dass es Beweise dafür gibt, dass dieser konkrete Einzelfall sich auch so ereignet hat. Leicht verständlich sollte es deswegen sein, weil zu verklausulierte und komplexe Beispiele das Publikum eher verwirren als erleuchten. Und halbwegs bekannt meint, dass ein unbekanntes Beispiel aus Papua-Neuguinea beim

Publikum weniger emotionalen Bezug aufbaut als etwa ein Beispiel von einem Konkurrenzunternehmen aus derselben Stadt. Auch für das Beispiel sollten Sie fünf bis zehn Sätze einplanen, um es verständlich darlegen zu können.

d) Vierte Stufe des Arguments: Der Impact

Schließlich die vierte Stufe des Arguments: der Impact, auf Deutsch etwa mit Relevanz/Wichtigkeit übersetzbar. In dieser Stufe geht es darum, zu zeigen, warum das Argument für die Belegschaft oder für den Kunden relevant ist. Idealerweise sollte hier auf die alltägliche oder allgemeine Wichtigkeit eines Themas verwiesen und erklärt werden, dass es gerade für die Zuhörer nützlich ist, dies oder jenes zu tun oder zu unterlassen. Wenn Sie diesen vierten Schritt vergessen, dann überzeugen Sie die Menschen zwar rational, doch werden diese vermutlich anschließend abwinken und einfach sagen: «Na und? Was kümmert mich, was der da vorne erklärt hat? Mich betrifft es doch nicht!» Und genau darum geht es in dieser vierten Stufe der Argumentation: dass Ihr Zuhörer erkennen soll, dass es ihn und sein (Arbeits-)Leben betrifft und er sein Denken und/oder Handeln umstellen sollte. Kurz: Mit den ersten drei Stufen des Arguments überzeugen wir, mit der vierten Stufe des Arguments animieren wir.

ÜBUNG #1: Die imaginäre Rede

Bereiten Sie eine Rede vor, die Ihrer Belegschaft ausführlich erklärt, warum es bei Ihnen kein Homeoffice geben wird. Wenden Sie das «SEXI-Schema» an (Rededauer: ca. 3 – 5 Min.). Nach Ihrer Rede machen Sie bitte eine kleine Recherche im Internet und finden Sie gute Gründe, die gegen das Homeoffice sprechen. Analysieren Sie vor diesem Hintergrund Ihre gehaltene Rede: Hatten Sie die besten Gründe gefunden? Waren die Gründe ausreichend erklärt? Hatten Sie ein schönes Beispiel? Und war das Thema für Ihre Zuhörer auch relevant gemacht worden? Wenn Sie in Kürze eine Entscheidung verkünden müssen, denken Sie an das «SEXI-Schema» und wenden Sie es ab jetzt konsequent an.

1.2 Reden ist Silber – Zuhören ist Gold

Natürlich ist das Überzeugen eine der wichtigsten Kompetenzen der Führungskraft. Doch was ist eigentlich mit dem Zuhören? Wie wichtig ist es, kompetent zuzuhören? Und: Gibt es unterschiedliche Arten des Zuhörens? Um es vorwegzusagen: Es gibt insgesamt zehn Arten des Zuhörens. Was uns also so banal erscheint, ist in Wirklichkeit komplexer als gedacht. Schauen wir uns die zehn Arten des Zuhörens einmal genauer an:

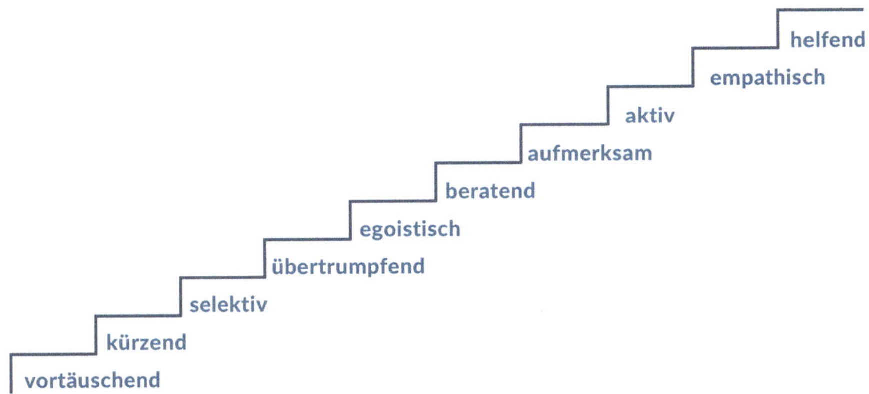

10 ARTEN/STUFEN DES ZUHÖRENS

Die ersten, unteren sechs Stufen des Zuhörens bezeichne ich als «antwortsüchtiges Zuhören», die obersten vier Stufen bilden das sogenannte «verstehende Zuhören». Schauen wir uns zunächst die unteren sechs Stufen einmal genauer an.

a) Vortäuschendes Zuhören (1. Stufe)

Zwar vernehmen wir akustisch, was der andere sagt, hören allerdings inhaltlich nicht zu. Wir sind mit etwas Wichtigerem beschäftigt, sodass die Worte des anderen eine störende Geräuschkulisse für uns bilden, wenn der andere spricht. Wir machen uns nicht einmal die Mühe, etwas mitzubekommen.

Beispiel: Während Ihr Assistent kurz ins Büro reinkommt und zu Ihnen spricht, schreiben Sie gerade eine wichtige E-Mail, die Sie perfekt formulieren wollen. Sie hören nicht einmal mit einem Ohr zu, nicken aber trotzdem, während er spricht. In zehn Minuten haben Sie bereits vergessen, dass er überhaupt da war und Ihnen etwas mitgeteilt hat. Bei dieser untersten Stufe des Zuhörens geht es darum, dem anderen nur den Eindruck zu vermitteln, dass wir ihm zuhören würden.

b) Kürzendes Zuhören (2. Stufe)

Auf der zweiten Zuhör-Stufe hören wir dem anderen zwar zu, unterbrechen ihn jedoch, weil wir das Gefühl haben, dass die konkreten Informationen eher unwichtig sind und wir sowieso (vermeintlich) genau wissen, was der andere sagen will. Indem wir unterbrechen, kürzen wir den Redefluss des anderen.

Beispiel: Ihr Mitarbeiter erklärt Ihnen, dass ein neuer Internetauftritt für Ihre Firma eine gute Idee sei. Sie denken, dass er kein Senior Designer ist, sondern Wirtschaftsingenieur, und sich daher zu dieser Frage sowieso nicht kompetent äußern kann. Aus diesem Grund unterbrechen Sie ihn, schauen zwischendurch auf die Uhr, weil Sie gleich einen anderen Termin haben, und gehen schon mal langsam in Richtung Tür, um zu signalisieren, dass er zum Ende kommen soll. Bei dieser zweiten Stufe des Zuhörens denken wir, dass wir schon wissen, was der andere uns mitteilen möchte.

c) Selektives Zuhören (3. Stufe)

Hier hören wir dem anderen nicht komplett zu, sondern nur sporadisch. Es kommen ausschließlich einzelne Schlagworte bei uns an, während das Übrige überhört bzw. durch eigene Gedanken überlagert wird. Im Kopf interpretieren wir die Schlagworte und dichten hinzu, was der andere wahrscheinlich damit sagen wollte.

Beispiel: Ihr Mitarbeiter erzählt Ihnen, dass er aufgrund des aktuellen Projekts viele Überstunden macht und ihm dieses Projekt – solange er nichts mit dem

Kunden direkt zu tun hat – ganz gut gefällt. Sie erwarten, dass der Kollege sich über die Überstunden beschwert und hören die Schlagworte «Überstunden» und «nichts mit dem Kunden zu tun» heraus und interpretieren selber in Ihrem Kopf, dass der Mitarbeiter nichts Positives an dem Projekt finden kann. Dass ihm Teile des Projekts sogar gut gefallen, überhören Sie. Bei dieser Stufe des Zuhörens geht es darum, den anderen punktuell und nur ansatzweise zu verstehen, wobei eigene Gedanken im Gespräch klaren Vorrang haben.

d) Übertrumpfendes Zuhören (4. Stufe)

Auf dieser Stufe hören wir dem anderen mit einer ganz bestimmten Absicht zu: Wir wollen den Dialog gewinnen und seine Argumente oder Ideen zu Fall bringen. Hier betrachtet die Führungskraft ein Gespräch als Wettbewerb, bei dem sie das letzte Wort haben muss. Die andere Partei ist nur ein Gegner, der intellektuell niedergerungen werden soll. Es kann nur einen Sieger geben!

Beispiel: Ein Mitarbeiter hat zum geplanten Marketing-Projekt ein paar Verbesserungspunkte mitgebracht und hofft, dass seine Ideen von der Führungskraft gehört werden. Doch die Führungskraft betrachtet diese Verbesserungsvorschläge als Kritikpunkte, die aus dem Weg geschafft werden müssen, und nimmt alles persönlich. Keine Kritik duldend, widerlegt und rechtfertigt sie jeden einzelnen Aspekt und möchte dem Mitarbeiter keinen Zentimeter entgegenkommen.

e) Egoistisches Zuhören (5. Stufe)

Auf dieser Zuhör-Stufe stellt sich die Führungskraft nur eine einzige Frage: Was habe ich davon? Jedes Gespräch ist dazu da, um aus dem Gesprächspartner irgendeine Information oder Handlung herauszuhören, um selbst einen Vorteil daraus zu generieren. Wie es dem anderen geht und was dessen Interessen sind, bleibt dabei völlig außer Acht.

Beispiel: Bei einem Bewerbungsgespräch merkt die Führungskraft, dass sie die Bewerberin nicht einstellen möchte. Trotzdem denkt die Chefin, dass die Bewerberin ein paar gute Tipps zur Verbesserung der unternehmenseigenen Website geben könnte, und fragt sie dazu eine ganze Stunde aus. Anschließend bekommt die Bewerberin eine Standardabsage, während ihre Tipps zur Website von der Führungskraft umgesetzt werden.

f) Beratendes Zuhören (6. Stufe)

Die sechste Stufe des Zuhörens klingt netter, als sie ist. Beim beratenden Zuhören gibt die Führungskraft ungefragt ihre Ratschläge und macht sich selber zur Expertin, auch dann, wenn sie zum Thema nichts Wesentliches beizutragen hat. Sie will durch ihren «Expertenstatus» ihre eigene Wichtigkeit betonen und hört deswegen nur antwortsüchtig zu.

Beispiel: Als ein Mitarbeiter stolz seine erfolgreiche Problemlösung präsentiert, gibt die Führungskraft einen Ratschlag, was sie an seiner Stelle gemacht hätte. Dabei hat der Mitarbeiter ja gar nicht nach einem Ratschlag gefragt. Doch wollte die Führungskraft ihn weder verstehen noch loben, sondern ihre eigene Expertise zur Schau stellen. Nebenbei hat sie auch die Chance verpasst, den Mitarbeiter für seine Lösung zu loben.

Kommen wir nun zu den obersten vier Stufen, die gemeinsam dem «verstehenden Zuhören» zuzuordnen sind. Erst hier möchte die Führungskraft den Gesprächspartner wirklich verstehen.

g) Aufmerksames Zuhören (7. Stufe)

Das aufmerksame Zuhören ist ein (eher passiver) Versuch, zu verstehen, was der andere sagt. Auf dieser Stufe hören wir zwar aufmerksam zu, unternehmen aber keine Anstrengungen, aktiv nach Informationen zu suchen und Zweideutigkeiten durch konkretes Nachfragen auszuräumen.

Beispiel: Als Ihr Mitarbeiter von einem Streit mit einem Kollegen erzählt, versuchen Sie als Führungskraft keine Information zu verpassen. Nachdem der Mitarbeiter fertig geworden ist, bewerten Sie die Situation, ohne weiter nachzu-

forschen. Dabei entgehen Ihnen leider wichtige Details, die durch kluge Nachfragen hätten ans Tageslicht gebracht werden können.

h) Aktives Zuhören (8. Stufe)

Das aktive Zuhören ist ein aufrichtiger und aktiver Versuch, den anderen zu verstehen. Hier geht es darum, das Gesagte zu paraphrasieren und kluge Fragen zu stellen, um sicherzugehen, dass Sie das Gesagte auch wirklich richtig verstanden haben und Missverständnisse ausgeschlossen sind. Besonders hilfreich sind Definitions-, Konkretisierungs-, Problem- und Lösungsfragen, um den ganzen Sachverhalt zu ergründen. Je klüger wir fragen, desto bessere Informationen kriegen wir als Führungskräfte.

Beispiel: Ihr Mitarbeiter erzählt Ihnen wieder von einem Streit mit einem Kollegen. Dabei versuchen Sie, den Mitarbeiter zu verstehen, und fragen aktiv nach, was die Hintergründe des Streits waren. Sie stellen dort Fragen, wo der Mitarbeiter Informationen ausgelassen und einiges (vielleicht auch unbewusst) nicht angesprochen hat.

i) Empathisches Zuhören (9. Stufe)

Während es beim aktiven Zuhören um die Erkundung der Sachebene geht, wollen wir beim empathischen Zuhören auch die Gefühlsebene beachten. Die Führungskraft hört nicht nur zu, um zu verstehen, was passiert ist, sondern will auch heraushören, wie sich der andere damit fühlt. Idealerweise geht es nicht darum, mit einem Mitarbeiter mitzuleiden, sondern darum, seine Emotionen und seine Bedürfnisse besser zu verstehen. Am Ende des Tages sind wir nicht nur rationale, sondern auch emotionale Wesen. Deswegen tut eine Führungskraft gut daran, neben Sachfragen auch Beziehungsfragen zu stellen (zu diesen kommen wir später in Kapitel 3.2 «Das Mitarbeitergespräch»).

Beispiel: Als Ihr Mitarbeiter Ihnen als Führungskraft von dem Streit mit seinem Kollegen erzählt, versuchen Sie, nicht nur zu verstehen, was die Hintergründe des Streits waren, sondern Sie versuchen auch, sich in die Position Ihres Mitarbeiters einzufühlen, hören ihm ausreichend zu und erkennen seine Sichtweise an. Insbesondere nehmen Sie die Sorgen und Irritationen ernst und wischen sie nicht beiseite. In einer entspannten und vertrauten Atmosphäre kann sich Ihr Mitarbeiter Ihnen zu hundert Prozent anvertrauen, was das Vertrauen zwischen Ihnen fördert und zu einer besseren Arbeitsbeziehung führt.

j) Helfendes Zuhören (10. Stufe)

Die höchste Stufe des Zuhörens ist zu verstehen, was der andere braucht, und ihm dies auch zu geben. Im Business geht es natürlich nicht darum, eine Mutter Teresa zu werden und allen Mitarbeitern sofort das zu gewähren, wonach sie fragen. Vielmehr geht es in vielen Situationen darum, als Führungskraft aufzuzeigen, wie der Mitarbeiter sich selbst helfen kann. Denn wir wollen ja als Führungskräfte nicht die Aufgaben oder Probleme unserer Mitarbeiter lösen, sondern sie dazu befähigen, diese eigenständig lösen zu können.

Beispiel: Im Gehaltsgespräch ist eine Mitarbeiterin enttäuscht, dass sie die erwartete Gehaltserhöhung von Ihnen nicht bekommen hat. Sie haben dafür sicher Ihre Gründe, die Sie idealerweise auch transparent und überzeugend darstellen können. Doch die besten Gründe werden den Wunsch nach mehr Gehalt nicht stillen. Was Sie tun könnten, ist der Mitarbeiterin aufzuzeigen, wie sie zum Beispiel durch das Übernehmen von schwierigeren Projekten mehr Verantwortung übernehmen könnte und so im nächsten Jahr eine Gehaltserhöhung bekommen würde. Zusätzlich könnten Sie ihr eine entsprechende Weiterbildung finanzieren und ihr dabei helfen, den Gehaltssprung zu meistern – und das nicht als Mutter Teresa, sondern ganz im Sinne Ihres Unternehmens.

Das Zuhören – und das machen die zehn Stufen sehr deutlich – ist ein facettenreiches Phänomen. Fast täglich praktizieren wir im Berufsalltag jede dieser zehn Arten selbst. Klar ist: Das verstehende Zuhören kostet Energie und Zeit. Lohnt es sich überhaupt, diese Energie und Zeit aufzubringen? Um diese Frage zu beantworten, hilft das Gedankenexperiment der sieben Hierarchiestufen.

k) Das Gedankenexperiment der sieben Hierarchiestufen

Stellen Sie sich vor, Sie sind Führungskraft und unter Ihnen gibt es sechs Hierarchiestufen. Sie bilden die oberste siebte Stufe. Und nun stellen Sie sich vor, dass auf jeder nächsthöheren Hierarchiestufe 50 Prozent der relevanten Informationen verloren gehen durch nachlässiges Zuhören. Auf der untersten Stufe gibt es also 100 Prozent der Informationen, auf der zweiten Stufe nur noch 50 Prozent. Wie viel, schätzen Sie, bleibt dann bei Ihnen auf der obersten Ebene noch übrig? Haben Sie eine Zahl im Kopf? Und nun die Auflösung: Es sind lediglich 1,6 Prozent, die auf der obersten siebten Stufe ankommen! Das Gedankenexperiment stammt von meinem Kollegen Thomas Zweifel – und hier zur Veranschaulichung eine Grafik dazu:

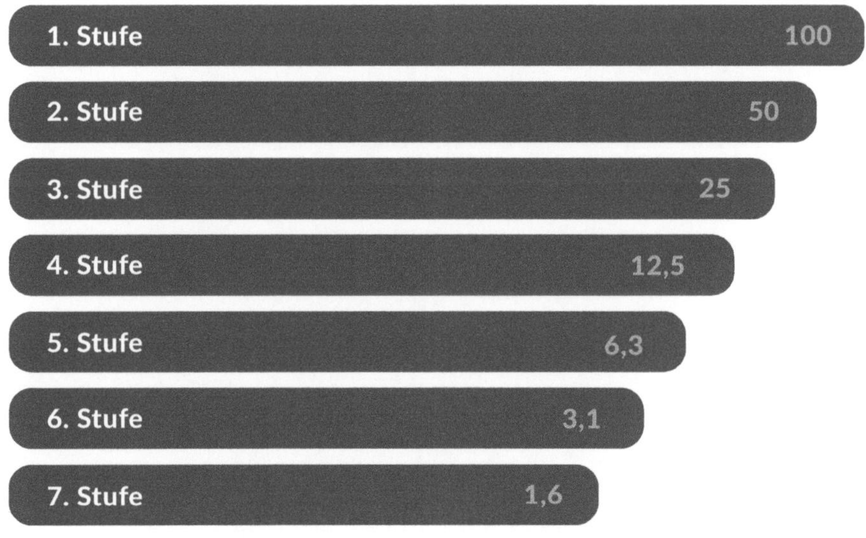

INFORMATIONSVERLUST AUF 7 HIERARCHIESTUFEN

Diese Grafik zeigt eines ganz deutlich: Je höher sich die Führungskraft in der Hierarchie befindet, desto gefragter sind aktive und empathische Zuhörerqualitäten. Und eines wird auch klar: Will die Führungskraft an relevantere Informationen heran, muss sie zur «Quelle», das heißt also, bei vielen Fragen auch mit der ersten oder zweiten Hierarchieebene reden und nicht nur in den Führungsetagen «Strategiesessions» leiten. Denn wer kann schon mit 1,6 Prozent eine solide Entscheidung treffen?! Daher auch der Slogan: Reden ist Silber – Zuhören ist Gold!

ÜBUNG #2: Einem TED-Talk zuhören

Hören Sie sich, ohne Notizen zu machen, einen TED-Talk an (www.ted.com). Wenn Sie nicht wissen, welchen TED-Talk, dann empfehle ich Ihnen den von Simon Sinek mit dem Titel «How great leaders inspire action» (einfach bei YouTube eingeben). Die TED-Talks, falls Sie sie nicht kennen sollten, sind knapp 20-minütige Präsentationen von klugen Leuten mit klugen Ideen für die Welt.
Und jetzt kommt Ihre Aufgabe: Hören Sie sich den Vortrag an, danach nehmen Sie ein Blatt Papier und notieren sich so viele Details aus dem Vortrag, wie Sie können. Anschließend hören Sie sich den Vortrag noch einmal an. Haben Sie die großen Leitlinien alle gewusst? Wie ist es mit Beispielen? Haben Sie die Begründungen notiert? Das Schöne an dieser Zuhör-Übung ist, dass Sie sich selber wunderbar kontrollieren und durch wiederholtes Üben ganz ohne Coach im Zuhören trainieren können. Denn es gibt Hunderte gute TED-Talks. Schöner Nebeneffekt: Sie bekommen ziemlich schlaue Ideen – nicht nur für das Arbeitsleben.

1.3 Körpersprache ist King

Zur professionellen Körpersprache sind Tausende Bücher geschrieben worden. Und auch ich halte mit Führungskräften zweitägige Veranstaltungen ab, bei denen es darum geht, die Körpersprache zu perfektionieren. Dieses Buch ist ein praktisches Handbuch und ich sage Ihnen, dass Sie 80 Prozent der Wirkung auf andere verbessern können (Stichwort: Pareto-Prinzip), wenn Sie nur diese drei Körpersprache-Tipps beherzigen:

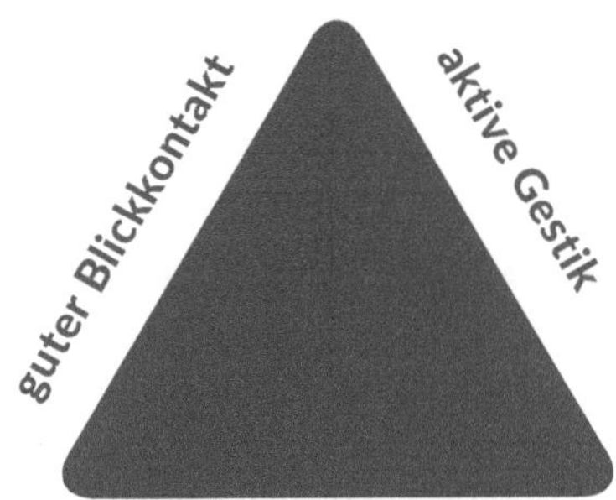

3 WICHTIGE KÖRPERSPRACHEREGELN

a) Warum ist Blickkontakt so wichtig?

Blickkontakt baut Vertrauen auf, suggeriert Kompetenz und strahlt Selbstbewusstsein aus. Doch der wichtigste Grund ist, dass der Blickkontakt uns ermöglicht, genau zu beobachten, wie die Botschaft beim anderen ankommt. Ob der andere verlegen wegschaut, seine Stirn runzelt oder gar mit dem Kopf schüttelt – kleinste körpersprachliche Reaktionen können wir mit Blickkontakt beobachten und unsere Rede daraufhin anpassen.

Als ich an Rhetorik-Wettbewerben sowie Debattier-Weltmeisterschaften teilnahm und dort zu den erfolgreichsten Rednern zählte, lag das nur zum Teil an der Redekunst. Wichtiger für den Erfolg war es, die Jury, die meine Reden bewertete, gut zu beobachten und genau mitzubekommen, wann sie ein Argument «geschluckt» hatte. Wenn der Juror beim ersten

Argument seine Stirn runzelte, dann brachte es nichts, mit dem zweiten Argument fortzufahren, sondern ich musste zunächst das erste Argument anders erklären oder ein anderes Beispiel geben. Erst wenn der Juror nickend etwas auf seinen Zettel schrieb, konnte ich weitermachen mit meinem zweiten Argument.

Und genauso ist es auch im Alltag: Wenn Sie merken, dass etwa bei einem Mitarbeitergespräch Ihr Kollege Ihnen nicht folgen kann oder will, dann müssen Sie es aus einer anderen Perspektive oder mit einer anderen Begründung versuchen. Dabei halten Sie konstanten Blickkontakt und analysieren die Körpersprache Ihres Kollegen auf Zustimmung und Ablehnung.

Das Gute an Körpersprache ist: Die meisten Menschen sind schlechte Schauspieler und können die Körpersprache nicht kontrollieren. Insofern «spricht» der Körper die Wahrheit, ohne dass der Sprecher dies unbedingt will. Die berühmte Mehrabian-Studie von 1967 besagt, dass Menschen die Wahrhaftigkeit der Körpersprache intuitiv kennen und weniger dem Wort glauben als der Körpersprache. Wenn also ein Mensch sagt, er freue sich auf die Weihnachtsfeier (verbale Ebene), schaut dabei aber etwas verlegen nach unten (nonverbale Ebene), dann achten Menschen, übrigens zu Recht, eher auf die Körpersprache. Denn sie ist viel schwerer zu manipulieren als das gesprochene Wort. Wenn Sie sich für die Kunst der Manipulation interessieren sollten, empfehle ich mein Buch «Dunkle Rhetorik: Manipuliere, bevor Du manipuliert wirst!».

Da Sie nun Führungskraft sind und häufiger kleine Ansprachen machen, Meetings leiten und Präsentationen halten werden, steht selbstverständlich Ihre Körpersprache viel mehr unter Beobachtung als bisher. Das ist jedoch kein Grund zur Sorge, sondern eine Chance. Wie sagte Churchill so schön:

«A pessimist sees a difficulty in every opportunity; an optimist sees an opportunity in every difficulty.»

Führungskraft zu sein und an der eigenen Körpersprache arbeiten zu müssen, kann sicherlich als schwere Last aufgefasst werden. Oder aber als Chance, die eigene Redewirkung zu steigern und die eigene Botschaft schneller in den Köpfen der Belegschaft ankommen zu lassen. Sehen Sie es als Herausforderung!

b) Gestik unterstreicht Inhalt

Die zweite fundamentale Körpersprache-Regel ist, dass das Gesagte mit Gestik unterstrichen werden soll, damit sich der Inhalt besser beim Zuhörer einprägt. Das Problem: Viele Menschen nutzen ihre Hände beim Sprechen überhaupt nicht. Sie hängen entweder wie zwei tote Fische entlang der eigenen Statur. Oder der Redner hat eine verkrampfte Handposition, die er fast die ganze Rede lang beibehält, oder er spielt an einem Stift oder Presenter oder Ring herum und offenbart seine Nervosität. Dabei wären schon kleine Gesten von großer Wirkung! Sie fragen sich jetzt bestimmt: Welche Gesten passen wann? Wie häufig soll ich gestikulieren? Wann wird es zu viel?

Alle diese Fragen sind berechtigt. Doch verrate ich Ihnen das wichtigste Gestik-Tool gleich jetzt: das selbst gemachte Gestik-Vokabular. Was das ist? Ganz einfach: Sie können sich für häufig wiederkehrende Worte und Konzepte selber eigene Gesten überlegen, die zum Inhalt passen. Und das ist das Schöne an Gestik: Es gibt kein Richtig und Falsch. Und auch kein Zuviel oder Zuwenig. Es sollten eben überhaupt ein paar passende Handbewegungen dabei sein, die den Inhalt verdeutlichen. Ich gebe Ihnen einige Beispiele:

- Wenn Sie mehrere Punkte haben, zählen Sie diese Punkte mit den Fingern durch.
- Wenn Sie etwas abwägen, machen Sie mit den Händen eine Bewegung wie eine Waage.
- Wenn Sie etwas präzisieren, dann malen Sie einen Punkt in die Luft.
- Wenn das Publikum aufpassen soll, dann heben Sie den Zeigefinger.

Die Idee ist also klar: Geben Sie Ihrem Gedanken ein Gestik-Bild mit. So wird das Gesagte nicht nur gehört, sondern auch gesehen. Und Ihre Redewirkung steigt damit. Natürlich ist Ihr Gestik-Vokabular am Anfang eher klein. Doch es lässt sich leicht ausbauen. Alleine schon, wenn Sie bei anderen Menschen eine schöne und passende Gestik sehen, können Sie diese einfach abschauen und zu Hause selber eintrainieren. Denn eines ist klar: Ein Mensch mit aussagekräftiger Gestik wirkt selbstbewusster und kompetenter. Es lohnt sich also, in die eigene Gestik zu investieren!

c) Langsame Bewegungen strahlen Ruhe aus

Eines der häufigsten Probleme von Führungskräften ist Lampenfieber. Sie stehen viel im Rampenlicht und werden von vielen Augen angestarrt. Viele Führungskräfte gehen dieser Situation vor Publikum so oft wie möglich aus dem Weg. Ergebnis: viel Nervosität im Körper, die sich in zu viel Bewegung niederschlägt. Bei den einen ist es das «Hin-und-her-Tänzeln» mit den Füßen, bei den anderen das nervöse «Hin-und-her-Schauen» mit den Augen, bei einigen sind es ruckartige Bewegungen mit dem gesamten Oberkörper.

Die Tatsache, dass schnelle Bewegungen unsicher wirken, ist an sich schon ein Grund genug, um bei sich selber darauf zu achten. Doch es steckt noch mehr dahinter: Wackelige Körpersprache setzen viele leider mit wackeligem Inhalt gleich. Der Zuhörer denkt: «Der wirkt unsicher, wahrscheinlich stimmt es nicht, was er sagt!»

Umso wichtiger ist es, sich eine langsame und bewusste Körpersprache anzutrainieren. Daher lade ich Sie herzlich ein, die folgende Übung zu machen.

ÜBUNG # 3: Das selbst gemachte Video

Halten Sie jetzt eine ganz spontane 3-Minuten-Rede zum Thema «Ist die Work-Life-Balance ein Mythos?» Das Besondere: Diese Rede nehmen Sie mit Ihrem Smartphone oder mit Ihrer Laptopkamera auf. Praktisch dafür ist auch bei Skype die Funktion «Videonachricht senden». Dabei sollten Sie bis zur Taille sichtbar sein. Anschließend schauen Sie sich Ihre Aufnahme an, und zwar ohne Ton. So können Sie sich bei der Analyse besser auf Ihre Körpersprache konzentrieren.

Fragen zur Selbst-Analyse: Haben Sie konstanten Blickkontakt mit der Kamera gehalten? Ein paar Gesten gemacht? Haben Sie sich langsam bewegt? Gab es Verlegenheitsgesten, wie z. B. sich ins Gesicht fassen?
Und ein kleiner Zusatztipp: Wenn Sie mit der ersten Aufnahme nicht zufrieden sind, machen Sie doch einfach eine zweite und dritte. Übung macht auch bei der Körpersprache den Meister!

1.4 Die Stimme bestimmt die Stimmung

Der Ton macht die Musik. Und die Stimme bestimmt die Stimmung des Gesagten. Viele Menschen machen sich nicht bewusst, dass in jedem gesprochenen Satz eine Stimmmelodie und eine Laune mittransportiert werden, welche die gesagten Wörter in eine ganz bestimmte Richtung färben.

Und gerade als Führungskraft prägen Sie die Stimmung in Ihrer Abteilung. Allein schon deswegen, weil Sie Weisungen und Richtungen vorgeben – und das täglich. Es sollte für eine gute Führungskraft also von größtem Interesse sein, bewusst mit der eigenen Stimme umzugehen. Hier die wesentlichen Dimensionen der Stimme, die in Ihrer Macht liegen.

a) Enthusiasmus

Stellen Sie sich vor, Sie halten eine kleine Rede vor Ihrer Belegschaft. Klingt Ihre Stimme lebendig? Ist sie voller Bewegung, vital oder eher ruhig, vorsichtig und sachlich? Jedenfalls ist es für mich als Coach eine fast tägliche Aufgabe, jungen und erfahrenen Führungskräften das enthusiastische Sprechen anzutrainieren. Worin liegt denn eigentlich das Problem bei den meisten? Führungskräfte arbeiten häufig mehr als alle anderen. Auf Dauer führt das zur chronischen Müdigkeit und Ausgelaugtheit. Wie soll man denn da bitte vital klingen?

Arbeitsbelastung und Stimmklang hängen also bei den meisten Menschen direkt miteinander zusammen. Dabei muss «viel tun» nicht immer auch «viel schaffen» bedeuten. Wie Sie Ihre Produktivität steigern – dazu mehr im nächsten Kapitel «Effizienz- und Effektivitätstechniken». Doch zunächst geht es um eine Status-quo-Analyse der Stimme.

Sie müssen kein Stimmexperte und auch kein Opernsänger sein, um zu hören, welche Laune beim Sprechen transportiert wird. Das hat den Vorteil, dass Sie sich mit nachfolgender Übung selbst ein Stimm-Coaching geben können.

ÜBUNG #4: Die selbst gemachte Tonaufnahme

Stellen Sie sich vor, Sie haben einen neuen Mitarbeiter und wollen ihm in einem Zweiergespräch kurz ein Briefing geben über die aktuellen Aufgaben Ihrer Abteilung und sich kurz bei ihm vorstellen. Halten Sie hierzu eine kleine fiktive Rede (Rededauer: 2 – 3 Min.). Diese Rede zeichnen Sie mit dem Voice-Recorder Ihres Smartphones auf. Ein Stimmaufnahmeprogramm ist meist bereits vorinstalliert. Falls Sie es nicht finden können, laden Sie sich einfach eine kostenlose Audio-Aufzeichnungs-App herunter. Das dauert 30 Sekunden. Anschließend hören Sie sich Ihre Aufnahme an und analysieren: Reden Sie engagiert? Haben Sie eine angenehme und motivierende Stimmmelodie? Sprechen Sie zu schnell? Zu langsam? Betonen Sie die wichtigen Informationen? Und die alles entscheidende Frage: Hören Sie sich selbst gern zu? Oder wollen Sie am liebsten die Aufnahme stoppen, weil es sich alles etwas müde und lang gezogen anhört?

Sollte Letzteres der Fall sein, ist das gar kein Problem. Probieren Sie es einfach noch mal. Bei den meisten ist die zweite Aufnahme gleich viel besser als die erste, weil sie merken, dass sie zu wenig Stimmung in der Stimme haben. Wenn Sie keine eigenen Reden halten wollen, können Sie auf der Aufnahme auch gern einen Meinungsartikel aus der Süddeutschen oder der FAZ laut vorlesen und auf Ihre Stimmführung achten. Am Ende ist es wie mit dem Joggen: Je häufiger Sie es tun, desto besser werden Sie!

Und noch ein letzter Hinweis: Selbst wenn Sie sich nicht perfekt gelaunt oder energiereich fühlen, versuchen Sie dennoch, so viel Enthusiasmus wie möglich herauszuholen. Denn Sie wissen: Im Job gibt es manchmal Situationen, in denen Sie einfach gut «funktionieren» müssen und unser «ehrliches Gesicht» den Kunden oder das Team eher abschrecken oder demotivieren würde. Der schöne Nebeneffekt: Wenn Sie enthusiastisch klingen, können Sie damit andere anstecken und die anderen werden mit ihrer nun verbesserten Laune auch Sie mit ihrem Enthusiasmus anstecken!

b) Richtige Betonung

Es ist schon erstaunlich, wie stark eine unterschiedliche Betonung die Bedeutung eines Satzes verändern kann. Nehmen wir beispielsweise den folgenden Satz. Betonen Sie bitte jeweils das hervorgehobene Wort:

RICHTIGE BETONUNG

1. ***UNSERE*** **Abteilung glaubt, es könnte funktionieren.**
2. **Unsere Abteilung** ***GLAUBT*****, es könnte funktionieren.**
3. **Unsere Abteilung glaubt, es** ***KÖNNTE*** **funktionieren.**

Sie sehen, diese drei Sätze sind identisch. Doch durch die unterschiedliche Betonung legt der Sprecher immer einen völlig anderen Fokus. In **Satz 1** betonen wir, dass gerade unsere Abteilung (in Abgrenzung zu anderen Abteilungen) glaubt, dass es funktionieren kann. In **Satz 2** liegt der Schwerpunkt auf dem Wort «glaubt». Hier kann der Sprecher das Wort enthusiastisch aussprechen und unterstreichen, dass die Abteilung es zwar nicht sicher weiß, aber überzeugt ist, dass es funktionieren könnte. Mit einer skeptischen Betonung des Wortes «glaubt» können wir hingegen den Fokus darauf lenken, dass die Abteilung es bloß glaubt, sich aber nicht sicher ist. In **Satz 3** heben wir das Wort «könnte» hervor und legen damit besonderes Gewicht auf den Konjunktiv (also die Möglichkeitsform). Hier wird der Zuhörer denken: «Könnte. Könnte aber auch nicht!» Und dieser Satz ist keine spezielle Ausnahme. Diese Bedeutungsverschiebung durch Betonung gibt es bei jedem Satz, den wir im Alltag sprechen. Als Führungskraft sollten Sie sich daher immer bewusst überlegen, was Ihre Hauptbotschaft sein soll. Davon abhängig setzen Sie dann die Betonungen in Ihren Sätzen.

c) Bewusste Pausen

Natürlich haben Sie schon mal gehört, dass Pausen beim Sprechen wichtig sind. Das ist nichts Neues. Doch was glauben Sie: Wie viele Menschen setzen beim Reden bewusste Pausen? Sind es 50 Prozent? 20 Prozent? Meine Erfahrung ist: Es sind sogar weniger als 10 Prozent.

Wie kann es sein, dass alle wissen, wie wichtig Pausen sind, aber kaum jemand macht sie? In Wirklichkeit haben die meisten das mal irgendwo gelesen, sind sich aber in der Regel nicht im Klaren, warum sie Pausen machen sollen, und lassen sie deshalb einfach weg.

Dabei gibt es für rhetorische Pausen gleich drei gute Gründe: Erstens wirkt eine Führungskraft, die bewusste Pausen macht, viel souveräner, wenn sie den Inhalt nicht schnell durchrattert. Zweitens gibt die Pause den Zuhörern Zeit, über das Gesagte nachzudenken. Denn den Inhalt hören die Mitarbeiter zum ersten Mal und brauchen Zeit zum Verdauen der Informationen. Drittens gibt die Pause den Mitarbeitern die Möglichkeit, etwas zu fragen oder zu ergänzen.

Und Letzteres ist wohl auch ein heimlicher Grund, warum die Pause von so vielen Menschen gefürchtet wird. Die Angst vor Fragen und vor Kritik verleitet viele dazu, lieber gar keine Pausen zu machen, denn dann kann auch nichts eingeschoben werden. Und das betrifft nicht nur Führungskräfte. Viele Professoren sprechen durch und lassen keine Fragen zu. Von Politikern und ihrem schnellen Verschwinden nach ihrem Statement bei einer Pressekonferenz brauche ich gar nicht erst zu sprechen.

Doch gerade die Möglichkeit, Fragen zu stellen oder seine Gedanken einzubringen, schafft erst eine offene Kommunikationskultur im

Unternehmen! Und die Pause hilft Ihnen dabei! Wenn Sie also Ihren Mitarbeitern bei einem Meeting etwas mitteilen, machen Sie bewusste Pausen nach einem Sinnabschnitt und schauen Sie fragend in die Runde. Vielleicht hat jemand eine wertvolle Ergänzung oder sogar eine bessere Idee. Machen Sie Ihren Mitarbeitern auch ganz explizit klar, dass Sie abweichende Ideen gerne hören. Und um genau diese offene Kommunikationskultur geht es auch im nächsten Kapitel.

1.5 Offene Feedbackkultur schaffen

Warum also ist die offene Feedbackkultur gerade für Sie als Führungskraft von großem Vorteil? Es liegt auf der Hand: Durch offenes Feedback erfahren Sie mehr Informationen und bekommen die Möglichkeit, aus einem breiteren Pool an Ideen aussuchen zu können. Gleichzeitig, und das ist der zweite große Vorteil, macht die offene Kommunikationskultur auch Ihren Mitarbeitern mehr Spaß, weil diese sich aktiv einbringen können und ihre Ansichten auch von Ihnen wertgeschätzt werden. Wenn es also klar ist, dass die offene Kommunikations- und Feedbackkultur so eine tolle Sache ist, warum wird sie dann nicht in jedem Unternehmen praktiziert? Die Ursache dafür ist meist die betroffene Führungskraft selbst. Stellen wir uns dabei drei alltägliche Szenarien vor, die eine offene Feedbackkultur beeinträchtigen.

Szenario 1: Die Führungskraft weiß mehr als die Mitarbeiter. In diesem Fall äußern sich zwar einige Mutige aus der Firma, werden jedoch von der besser ausgebildeten Führungskraft ständig eines Besseren belehrt und abgebügelt. Gleichzeitig genießt die Führungskraft ihren Alpha-Status. Mit der Zeit geben auch die aktiven und mutigen Mitarbeiter auf, da sie gegen das rechthaberische Gebaren einfach nicht mehr ankämpfen wollen.

Szenario 2: Die Führungskraft weiß weniger als die Mitarbeiter. In diesem Fall passiert es häufig, dass der Vorgesetzte Angst um seine Position bekommt. Bessere Ideen sind hier das Schlimmste, was passieren kann, denn in der eigenen Wahrnehmung bedeutet es, nicht der Beste zu sein, nicht den Posten zu verdienen, und daher kommt es vor, als sägten die Mitarbeiter mit ihren tollen Ideen an seinem Posten. Hier ist es nicht die Rechthaberei, sondern die Angst, welche die offene Kommunikationskultur verhindert.

Szenario 3: Die Führungskraft kritisiert viel und lobt nie. In dieser Atmosphäre neue und kreative Vorschläge zu machen, ist aus der Sicht jedes vernünftigen Mitarbeiters einfach unvernünftig. Denn wenn die Idee dem Chef nicht gefällt, wird der Mitarbeiter kritisiert. Und wenn es eine tolle Idee ist, bekommt er dafür sowieso kein Lob. Warum also sich die Mühe machen? Da ist es vernünftiger, still seine Arbeit zu erledigen und einfach nur das Soll zu erfüllen.

Es sind diese drei Szenarien, welche die offene Feedbackkultur am meisten verhindern. Insbesondere sehe ich in Inhouse-Schulungen, dass – sobald der Chef da ist – die Mitarbeiter kaum mehr mitmachen und sich alle in stille Mäuschen verwandeln. Wenn bei meinem Impuls-Vortrag die Führungskraft dabei ist, reagiert mein Publikum häufig nur sehr zögerlich auf meine Fragen. Ist ja auch klar: Als Mitarbeiter könnte ich mich vor dem Chef blamieren. Warum also das Risiko eingehen?

Und was für Schulungen und Vorträge gilt, gilt natürlich ebenso für Meetings. Warum seinen Kopf riskieren? Warum dem Chef widersprechen? Warum sich nicht einfach bedeckt halten?

So kommt es, dass Probleme und Ideen nicht auf den Tisch kommen und die Dinge nicht reformiert werden, die einer Reform bedürfen.

Was also tun?

Ich empfehle diese vier Strategien, um schnell und glaubwürdig eine offene Feedbackkultur zu schaffen:

a) «Widerspruch ist willkommen!»

Die erste Strategie lautet, dass Sie in Meetings und Besprechungen aller Art betonen, dass Sie den Widerspruch schätzen. Nicht nur unter Kollegen, sondern auch Ihnen gegenüber. Und wenn tatsächlich Widerspruch kommt, dann tappen Sie bitte nicht in die Rechtfertigungsfalle und erklären, warum Sie eigentlich doch recht haben. Sie sind wenig glaubwürdig, wenn Sie um Widerspruch bitten, dann aber letztlich doch alles besser wissen. Lassen Sie sich durch bessere Ideen überzeugen.

Und noch wichtiger: Gestehen Sie, wenn ein Mitarbeiter eine bessere Idee oder einen guten Kritikpunkt hatte. Auch wenn es sich am Anfang etwas unangenehm anfühlt, denken Sie pragmatisch: Sie bekommen eine wertvolle Korrektur, wodurch die gesamte Abteilung profitiert.

b) «Lob, wem Lob gebührt.»

Wenn ich meine Coaching-Kunden frage, ob sie vom Chef gelobt werden, dann ist die häufigste Reaktion: «Schön wär's!» Und das ist natürlich bitter. Viele Führungskräfte sind Perfektionisten und nicht getadelt ist aus ihrer Sicht Lob genug. Ich kann mich aus früheren Tätigkeiten in Kanzleien und während meiner Zeit bei den Vereinten Nationen in New York an kein einziges Lob durch meinen Vorgesetzten erinnern. Es ist also ein internationales Phänomen.

Doch bedenken Sie: Lob freut einen. Lob gibt das direkte Feedback: Mach weiter so! Und schließlich: Lob motiviert. Alles super Gründe, die Mitarbeiter zu loben. Wieso wird es dennoch nicht gemacht?

Die Antwort: Weil wir in einer «loblosen» Gesellschaft leben, ist es schwer, der Erste zu sein, der Positives austeilt. Unbewusst denken die meisten: «Ich habe kein Lob bekommen – wieso sollte ich es dann austeilen?»

Und natürlich ist da was dran: Wenn Sie selbst nie gelobt wurden, sind Sie knauserig. Es ist sehr gut vergleichbar mit Geld: Wer wenig davon hat, will in der Regel nicht an andere spenden.

Doch die genannten Gründe, die Mitarbeiter zu loben, sind überwältigend. Gerade im Kontext der offenen Feedbackkultur werden Sie für Lob als «Dank» viele gute Ideen bekommen und es werden dadurch sowohl die Stimmung als auch der Output besser. Überwinden Sie sich daher und loben Sie, wo es angemessen ist.

c) «Kritik diplomatisch verpacken»

Natürlich soll Ihre Firma bzw. Ihre Abteilung nicht in Lobgesängen untergehen. Kritik ist notwendig. Doch die Art und Weise der Kritik soll gut überlegt sein. Seit der rhetorischen Antike gibt es den Leitspruch: hart in der Sache – weich zur Person!

Im Einzelnen bedeutet das, dass Sie sachlich nichts bei Ihrer Kritik auslassen sollen und gebührend kritisieren. Nur soll die Kritik eben nicht persönlich sein. Hier ein paar Beispiele:

Beispiel 1: Statt: *«Das haben Sie ja völlig falsch gemacht!»*, könnten Sie sagen:
«So, wie Sie es gemacht haben, ist es nicht optimal, weil XYZ. Bitte machen Sie es in Zukunft auf folgende Art und Weise …» Hier geben Sie dem Mitarbeiter genaue Anweisungen mit auf den Weg und kommunizieren seinen Fehler weich.

Beispiel 2: Statt: *«Den Fehler haben Sie doch schon mal gemacht!»*, könnten Sie sagen: *«Erinnern Sie sich, dass wir bereits vor einiger Zeit einen ähnlichen Fall hatten und abgemacht haben, dass Sie das so und so machen?»*. Hier erinnern Sie den Mitarbeiter an das vergangene Gespräch und warten am besten seine Reaktion ab. Vielleicht hat er ja Gründe, warum er davon abgewichen ist.

Beispiel 3: Statt: *«Sie sind ziemlich langsam geworden bei der Arbeit. Was ist denn los?»*, könnten Sie sagen: *«Mir ist aufgefallen, dass Sie die Arbeit etwas langsamer erledigen als früher. Wie kann ich Ihnen helfen, dass Sie wieder so tolle Leistungen bringen wie früher?»*. Hier bieten Sie dem Mitarbeiter Hilfe an. Das ist natürlich nicht altruistisch, sondern der zielorientierte Versuch, den Mitarbeiter zu seiner alten Leistungsfähigkeit zurückzubringen. Beachten Sie auch, dass hier eine offene Frage gestellt wurde, die den Mitarbeiter auffordert, mehr als nur Ja oder Nein zu sagen.

ÜBUNG #5: Diplomatischer werden

Notieren Sie sich, wo Sie in der Vergangenheit mit Ihrer Kritik zu harsch waren, und formulieren Sie Ihren Satz diplomatischer. Notieren Sie sich auch, wo Sie einen Mitarbeiter oder Kollegen hätten loben können, es aber nicht getan haben. Und notieren Sie schließlich Situationen, wo Sie kritisiert wurden und wie Sie sich dabei gefühlt haben. Diese drei Fragen helfen Ihnen, ein Bewusstsein für Ihre bisherige Kommunikationskultur im Unternehmen zu schaffen und mit den Tipps aus diesem Kapitel im positiven Sinn weiter auszubauen.

1.6 Werte und Visionen des Unternehmens klar kommunizieren

Jedes Unternehmen hat Werte und Visionen. Doch oft kommt es vor, dass diese nur dem Führungsteam bekannt sind, nicht aber den Mitarbeitern. Und manchmal gibt es auch Unternehmen, die ihre Werte und Visionen gar nicht herausgearbeitet haben.

Klar aber ist, dass Werte und Visionen sowohl Führungskräften als auch Mitarbeitern eine Orientierung und einen Sinn geben, zur Arbeit zu gehen. Denn jeder, der arbeitet, stellt sich früher oder später die Frage: «Warum mache ich eigentlich das, was ich mache?» Und wenn man darauf keine zufriedenstellende Antwort erhält: «Warum sollte ich dann für dieses Unternehmen arbeiten?» Gerade im 21. Jahrhundert gibt es einen immer größeren Durst der Mitarbeiter, zu wissen, wofür sie acht Stunden ihrer Lebenszeit täglich investieren – man denke hier nur an die «Generation Y». Für die Mitarbeiterbindung ist eine klare, normative Positionierung des Unternehmens daher extrem wichtig.

a) Werte und Visionen definieren

Wenn Ihre Firma ein «Mission Statement» hat – super! Wenn nicht, sollten Sie mit der Führungsriege eines ausarbeiten. Es gewährleistet, dass das Unternehmen in eine gut definierte Richtung segelt. Vielleicht kennen Sie dieses Zitat:

> **«Wer seinen Hafen nicht kennt, für den ist kein Wind günstig.»**

Das gilt auch für Unternehmen: Wenn es kein übergeordnetes Ziel gibt, dann wird Profitmaximierung irgendwann das Einzige sein, was vom Unternehmen übrig bleibt. Und das wäre doch ziemlich schade.
Eine kleine Challenge für Sie: Nehmen wir an, Sie sind der Europa-Chef von booking.com. Was wäre Ihr Mission Statement? Notieren Sie dazu gleich ein bis zwei Sätze. Legen Sie das Buch für eine Minute beiseite und notieren Sie es auf ein Blatt Papier. Lesen Sie erst anschließend den nächsten Absatz.

Sicherlich wäre eine Möglichkeit für ein Mission Statement: «Bei uns finden Sie die besten/günstigsten Hotels». Doch das echte Mission Statement klingt viel besser: «Our Mission: To empower people to experience the world». Es ist sowohl sehr ansprechend für Kunden, aber auch motivierend für Mitarbeiter, da sie Teil einer Organisation sind, die Menschen Reisemöglichkeiten vermittelt, die sie sonst nicht hätten.

Idealerweise sind die Visionen einfach und für alle Mitarbeiter verständlich. An dieser Stelle ein Beispiel von Amazon-Chef Jeff Bezos. Seine Vision für Amazon ist einfach: «Low prices, fast delivery, vast selection.» Einfach, aber auch genial. Denn diese Visionen sind komplett zeit- und technikunabhängig. Egal wie die Welt in 30 Jahren aussehen wird, die Menschen werden zu allen Zeiten die möglichst günstigen Preise haben, die Produkte schnell geliefert bekommen und aus einem großen Pool an Produkten aussuchen wollen.

b) Werte und Visionen als Führungskraft vorleben

Um glaubwürdig zu sein, müssen die Werte natürlich im täglichen Leben auch vorgelebt werden, vor allem von den Führungskräften. Ein schönes

Beispiel dafür war im Jahr 2017 Google: Einer der Mitarbeiter behauptete, dass Frauen biologisch weniger geeignet seien für die Tech-Branche. Anschließend bekam er die Quittung in Form einer Kündigung. Der Mitarbeiter hatte die Grundwerte seiner Firma missachtet und Frauen eine biologische Inkompetenz unterstellt. Die Führungsebene hat gehandelt und ihn deswegen gefeuert.

Damit hat die Firma Google ein klares Signal für Frauen in der Tech-Welt gesetzt und ihre Werte der ganzen Welt klargemacht.

Ähnlich ist auch das obige Beispiel mit einer offenen Kommunikationskultur: Wer diese predigt, sich aber selber nie kritisieren lässt, ist sicherlich kein gutes Beispiel und eher kontraproduktiv für die proklamierten Werte. Eine gute Führungskraft lässt sich nicht vom Status leiten, sondern vom besseren Argument. Und wenn ein Mitarbeiter die bessere Begründung oder den besseren Beweis hat, dann sollte sie ihn natürlich loben und seinen Punkt sofort anerkennen. In US-Unternehmen spricht man häufig vom sogenannten **«power of proof»**: Wer den Beweis hat, hat recht.

Und es ist klar: Wenn die Führungskraft Wasser predigt, selber aber Wein trinkt, dann wirkt sie unglaubwürdig. Daher sollten Worte und Taten immer konsistent sein. Egal welche Werte und Visionen Sie definiert haben.

c) Werte und Visionen festigen

Definieren und Vorleben sind natürlich nicht alles. Jede gute Führungskraft wird in den Dialog mit den Mitarbeitern treten, diese Werte und Visionen diskutieren, Beispiele finden, wie einzelne Mitarbeiter die Unternehmensziele mithilfe dieser Werte erreicht haben, diese Storys etwa in einem Newsletter oder Intranet zelebrieren und Trainings und Teamevents abhalten, in denen die Werte und Visionen der Firma zum zentralen Thema gemacht werden. Dazu gehört auch, beim Recruiting darauf zu achten, dass Bewerber nicht nur fachlich kompetent, sondern auch auf einer Linie mit den Unternehmenswerten sind. Und ebenso, dass Mitarbeiter, die die Unternehmenswerte und Ziele missachten, abgemahnt oder – wie im Beispiel von Google – gekündigt werden. So lebt etwa das Unternehmen Trivago eine offene Feedbackkultur. Und das heißt für die Führungskräfte, dass sie auf jedes Feedback der Mitarbeiter reagieren. Jeder Mitarbeiter fühlt sich gehört – und wenn die Führungskraft das Feedback nicht ganz nachvollziehen kann, dann ist es selbstverständlich, dass sie noch mal nachhakt und um mehr Informationen bittet. So festigt sich die Vision der offenen Kommunikationskultur am besten. Denn Teamevents sind zwar ganz nett, aber die Werte und Visionen in den Berufsalltag zu integrieren – das ist die Königsdisziplin.

ÜBUNG #6: Das eigene Mission Statement

Formulieren Sie ein Mission Statement. Lassen Sie sich gern von Beispielen aus dem Internet inspirieren. Und selbst wenn Ihre Firma ein Mission Statement hat: Formulieren Sie die zentralen Werte und die zentrale Vision für Ihre Abteilung. Schreiben Sie es auf – und überprüfen Sie anschließend, welche Handlungen Sie vornehmen könnten, um diese Ziele bekannter zu machen und unter Ihren Mitarbeitern zu festigen.

2 DER MANAGER

Produktivitätstechniken & Zeitmanagement

Schnellübersicht zum Kapitel:

1. Eisenhower-Regel
2. Not-to-do-Liste
3. ALPEN-Methode
4. Pareto-Prinzip
5. SMART-Formel
6. Körperliche Fitness
7. Ja-Falle
8. Blöcke-Methode
9. Salami-Technik
10. Zeit-Tagebuch

Als Führungskraft müssen Sie mehr Aufgaben managen als etwa eine Fachkraft. Und Ihr Erfolg hängt entscheidend davon ab, wie gut Sie Ihre Zeit und Ihre Aufgaben managen.

Als Business-Coach habe ich auf täglicher Basis mit Führungskräften zu tun – und bitte meine Klienten, wenn die Themen Produktivität und Effektivität anstehen, mir ihre typische Arbeitswoche in ihrem Terminkalender zu zeigen. Dabei stelle ich immer wieder fest, dass nicht die Führungskraft den Alltag, sondern der Alltag die Führungskraft leitet. Typische Beispiele sind übervolle Tage mit wenig bis keiner Zeit für das strategische Denken, keine geblockten Arbeitsphasen für sogenanntes **«deep work»** (= hoch konzentriertes Arbeiten ohne Störfaktoren) – und nicht selten auch die fehlende Klarheit der eigenen Prioritäten.

Erstaunlich ist es deswegen, weil die Führungskräfte, mit denen ich arbeite, Effizienz- und Effektivitätstechniken kennen – sie jedoch leider nicht im Alltag anwenden. Damit Sie mehr schaffen in weniger Zeit, präsentiere ich jetzt die zehn besten Produktivitätstechniken und wie Sie sie täglich in Ihren Arbeitstag integrieren können.

2.1 Eisenhower-Regel

Eine der besten Effektivitätstechniken ist die Eisenhower-Regel. Sie wird in vielen Zeitmanagement-Seminaren erläutert und anschließend sofort vergessen. Hier eine kurze Auffrischung. Diese Regel geht davon aus, dass es vier Arten von Aufgaben gibt:

Zwar wirkt das Schema einfach, doch der Teufel steckt wie immer im Detail. So ist zunächst die erste Frage, was denn eigentlich «wichtig» ist. Hier müssen Sie natürlich selber – oder in Zusammenarbeit mit Ihren Kollegen und Vorgesetzten – definieren (dafür eignet sich das Mission Statement!), was für Ihre Firma bzw. Abteilung wichtig ist.

Angenommen, die Neukundenakquise ist für Sie aktuell das wichtigste Ziel. Das hätte zur Folge, dass Sie Ihren Tag von Anfang an auf dieses Ziel hin ausrichten. Ob Kaltakquise, Warmakquise oder Verkaufsschulungen für Ihr Team: Ihr Handeln sollte maßgeblich von diesem Ziel geleitet werden.

In der Realität ist das gar nicht so einfach. Da kommen zum einen Dutzende E-Mails, zum anderen Anrufe und Kollegen herein, die Sie mit Fragen und Ideen ablenken. Während also der gute Wille bei den meisten da ist, sich mit der wichtigsten Aufgabe zu beschäftigen, kommen Störungen ständig dazwischen – und Kleinigkeiten diktieren das Arbeitsleben.

Das mit ständigen Ablenkungen verbundene Phänomen, welches die Produktivität jeder Führungskraft extrem einschränkt, ist der sogenannte Sägezahn-Effekt. Nach einer Störung braucht man eine gewisse Zeit, um ins Thema wieder reinzukommen und vergeudet so wertvolle Ressourcen.

Hier ist der Sägezahn-Effekt grafisch dargestellt:

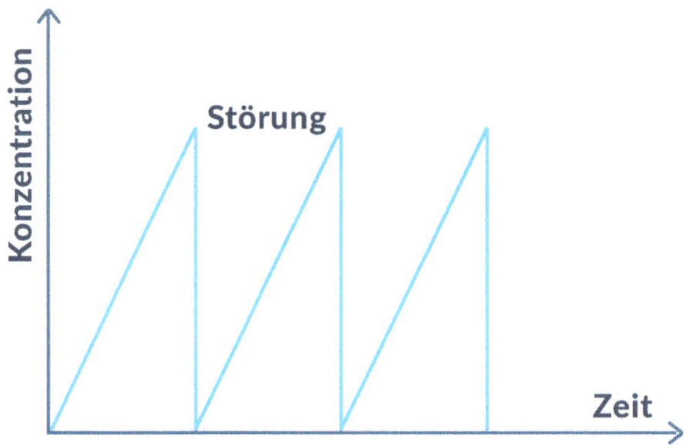

Es gibt aber eine Rettung: und zwar von Ihnen definierte Phasen von **«deep work»**, also geschützte Zeiten, in denen Sie niemand stören darf. Keine E-Mails, keine Anrufe, keine Kollegen. Gerade für A- und B-Aufgaben sind diese störungsfreien Inseln des tiefen Nachdenkens und des strategischen Planens von höchster Wichtigkeit.

Eine große Hilfe für Führungskräfte bietet dabei die **90/90/1-Regel** von Robin Sharma. Sie besagt, dass man für 90 Tage die ersten 90 Minuten seines Arbeitstages auf die eine wichtigste Aufgabe ausrichtet – ohne Störelemente natürlich.

Warum 90 Tage?
Weil der Mensch eine gewisse Zeit braucht, um eine Routine zu installieren. Nach den 90 Tagen machen Sie es also automatisch, dass Sie sich gleich zu Anfang die wichtigste Aufgabe setzen.

Warum 90 Minuten?
Nun, kein Mensch kann sich auf Dauer so konzentrieren, dass er 100 Prozent der Leistung abruft. Und 90 Minuten haben sich noch aus Schul- und Uni-Zeiten bewährt als Kompromiss zwischen zu viel Arbeit und zu wenig Zeit, um sich in eine Sache hineinzuarbeiten.

Warum eine Hauptaufgabe?
Weil der Mensch einen eindeutigen Fokus braucht und kaum einer sich auf mehrere Hauptziele gleichzeitig und gleich gut konzentrieren kann.

Denkbar ist es also, dass Sie, wenn Sie am Morgen ins Büro kommen, Ihre Kollegen informieren, dass Ihre ersten 90 Minuten des Tages geblockt sind. Sollte das aus betrieblichen Gründen nicht möglich sein, dann richten Sie sich diese Sperrzeit zu einem anderen Zeitpunkt ein. Wichtig ist nur, dass es immer zur gleichen Zeit sein sollte, damit sich die Routine manifestieren kann – und damit auch für die Kollegen nachvollziehbar ist, wann Sie nicht ansprechbar sind.

Doch nun zurück zur Eisenhower-Regel. Was ist nun der Unterschied zwischen wichtigen und dringenden Aufgaben? Und welche sind für unser Fortkommen entscheidender?

Nach der Definition des Eisenhower-Modells sind wichtige Aufgaben diejenigen, die uns dem im Mission Statement definierten Ziel näherbringen, während dringende Aufgaben solche sind, die keinen Aufschub dulden. Entscheidend dabei ist, dass dringende Aufgaben durch die Deadline nur wichtig erscheinen – jedoch auch unerledigt gelassen werden können, weil sie uns dem Ziel nicht näherbringen.

Studien zeigen, dass die meisten Menschen sich 60 Prozent ihrer Arbeitszeit mit C-Aufgaben beschäftigen. Dagegen konzentrieren sich Mitarbeiter der Forbes-500-Unternehmen hauptsächlich auf B-Aufgaben – und der Anteil der C-Aufgaben ist bei ihnen geringer. Von erfolgreichen Unternehmen lernen heißt also, sich mehr auf B-Aufgaben zu fokussieren. Und das ist auch der eigentliche Kern der Eisenhower-Methode. Denn die wichtigen und dringenden Sachen erledigen wir auch ohne dieses Modell als Erstes. Doch dann lassen wir uns durch Dringlichkeit locken und vergessen, dass C-Aufgaben zum Erreichen von Zielen einfach nicht so wichtig sind. kurz: mehr B, weniger C! Jetzt noch ein kurzes Wort zu D-Aufgaben. Einige Menschen müssen komplett alles aus der To-do-Liste abarbeiten, um sich gut zu fühlen. Die berühmte Perfektionismus-Falle: Wenn ich 100 Prozent der Aufgaben schaffe, dann bin ich toll! Leider schmuggeln sich aber in die To-do-Liste auch viele kleine D-Aufgaben – wie etwa einen Newsletter durchlesen oder eine unwichtige Tagung besuchen.

Klar müssen einige Aufgaben gemacht werden. Doch sollten Sie sich bei D-Aufgaben immer diese Frage stellen: Was passiert, wenn ich diese Aufgabe gar nicht erledige? Und wenn die Antwort darauf nicht allzu schwerwiegend ausfällt, sollten Sie diese Aufgabe einfach streichen.

Zuletzt noch eine einfache Idee, wie Sie die Eisenhower-Methode in Ihren Alltag integrieren. Nehmen Sie dazu einfach ein weißes Blatt Papier, am besten DIN A4, und unterteilen Sie es in vier Quadranten. Schreiben Sie geplante, aber auch spontan während des Tages hinzukommende Aufgaben in den passenden Quadranten – so wissen Sie genau, in welcher Reihenfolge Sie die Aufgaben abarbeiten müssen.

So kann Ihr Blatt Papier in etwa aussehen:

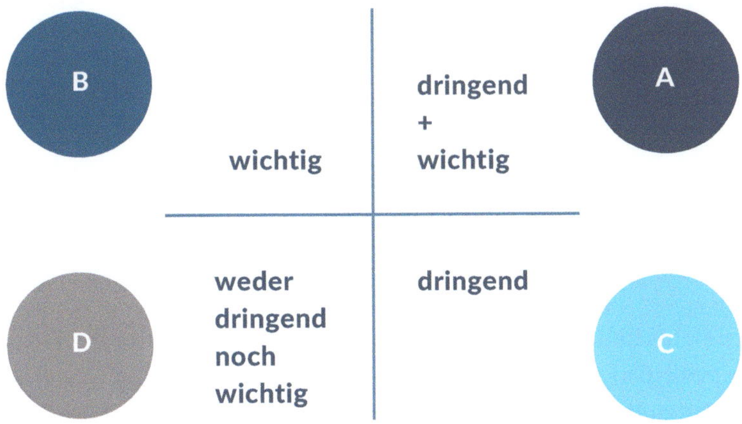

ÜBUNG #7: 7 Tage Eisenhower

Probieren Sie das gleich mal eine Woche aus! Sie werden sehen: Allein das bewusste Einordnen einer Aufgabe in einen der Aufgabentypen stellt sicher, dass Sie die Aufgabe aktiv abklopfen nach Wichtigkeit für Ihr überragendes Ziel aus dem Mission Statement. Und genau dieses Bewusstsein und der Fokus, den Sie dadurch schärfen, steigern Ihre Produktivität.

2.2 Die Not-to-do-Liste

Letztlich ist das Eisenhower-Blatt nichts anderes als eine priorisierte To-do-Liste. Doch es gibt da eine geniale Idee, die mittlerweile sehr populär geworden ist bei Führungskräften in den USA: die Not-to-do-Liste. Um den Alltag zu entschlacken, definiert die Führungskraft, was sie nicht tun soll.

Bei jedem sieht diese Liste natürlich anders aus. Um das Konzept etwas prägnanter vorzustellen, hier ein kleiner Ausschnitt aus meiner Not-to-do-Liste:

MEINE *NOT-TO-DO*-LISTE

a) Kein Netflix und keine Serien schauen.

b) Morgens und abends keine Nachrichten lesen.

c) Nicht mehr als drei Mal am Tag Mails checken.

d) Nach Beantworten der E-Mail Outlook nicht anlassen.

e) Nicht mehr als 30 Minuten Schach online spielen (Wecker stellen).

Morgens checke ich keine E-Mails und lese keine Nachrichten, um mit einem positiven Gefühl aufzustehen. Denn E-Mails und Nachrichten sind potenziell negativ – und gerade das morgige entspannte Gefühl möchte ich mir nicht verderben lassen. Bis 11:00 Uhr lasse ich Outlook bewusst ausgeschaltet, damit ich mich gemäß der oben beschriebenen 90-90-1-Regel auf die Hauptaufgabe des Tages fokussieren kann. Nach Beantworten der E-Mails schließe ich Outlook, um keine Ablenkung von hereinkommenden E-Mails zu haben. Ich schaue in der Freizeit auch keine Dokus und kein Netflix, weil es Zeitfresser sind. Und abends gibt es auch keine E-Mails/Nachrichten, damit ich vorm Schlafengehen nicht durch potenziell negative Informationen beunruhigt werde und schnell einschlafen kann.

ÜBUNG #8: Ihre Not-to-do-Liste

Ihre eigene Not-to-do-Liste sieht natürlich anders aus. Überlegen Sie sich, was aktuell Ihre großen Zeitfresser sind und welche Gewohnheiten Sie besser unterlassen sollten. Drucken Sie sich diese Liste aus und platzieren Sie sie sichtbar an Ihrem Arbeitsplatz. Mit der Zeit können Sie sich alle Punkte der Not-to-do-Liste merken. Und Sie werden zufriedener sein, dass Sie mehr Zeit für das Wesentliche haben.

2.3 Die ALPEN-Methode

Die ALPEN-Methode von Lothar Seiwert kann wunderbar ergänzend zur Eisenhower-Methode eingesetzt werden. Dabei bezieht sich die Technik nicht auf die Alpen, sondern ist ein Apronym:

Aufgaben definieren
Länge schätzen
Pufferzeiten einplanen
Entscheidungen treffen
Nachkontrolle

Beim Schritt **Aufgaben definieren** können Sie wunderbar das obige Eisenhower-Sheet verwenden und die Aufgaben in die Quadranten einbetten.

Beim Schritt **Länge schätzen** sollen wir eine realistische Zeitspanne definieren, die wir einer bestimmten Aufgabe zuweisen. Die Dauer können wir einfach in Klammern dahinter schreiben. Das hat auch den großen Vorteil, dass wir – wenn wir die Zeiten der niedergeschriebenen Aufgaben summieren – eine Idee davon bekommen, was wir an diesem Tag realistischerweise schaffen können. Wenn Sie beispielsweise zehn Stunden Arbeitszeit zur Verfügung haben, aber summiert auf zwölf Stunden kommen, dann ist es gar nicht so schlimm, weil Sie die Aufgaben nach Wichtigkeit abarbeiten und es daher nicht wichtig ist, ob auch unwichtige Aufgaben erledigt wurden. Die unwichtigen Aufgaben können entweder gestrichen oder geschoben werden in den nächsten Tag.

Beim Schritt **Pufferzeiten einplanen** geht es darum anzuerkennen, dass Aufgaben und Mitarbeiter unerwartet hereinschneien können. Pufferzeiten sind dafür da, um abzufedern, dass bestimmte, unter

Umständen schwierige Aufgaben länger dauern können als eingeplant (was übrigens auch nicht schlimm ist, denn wichtige Aufgaben müssen nun mal zu Ende gemacht werden).

Die Königsfrage lautet: Wie viel Prozent meines Tages sollte ich verplanen? 90 Prozent? 80 Prozent? Das ist natürlich individuell und hängt davon ab, wie viel Unvorhergesehenes in Ihrer Firma passiert. Die allgemeine Empfehlung der meisten Zeitmanagement-Coaches lautet: Bitte nur 60 Prozent verplanen. Ansonsten verplanen Sie nahezu Ihren gesamten Arbeitstag und sitzen 21:00 Uhr noch immer im Büro – und wundern sich: «Warum bin ich immer noch nicht fertig? Ich habe doch meinen Tag genauestens geplant?» Klar hat man in diesem Fall als Führungskraft die eigenen Aufgaben perfekt geplant, nur eben nicht Störungen und Unerwartetes einkalkuliert – und diese Zeit kommt dann natürlich on top.

Beim vorletzten Schritt **Entscheidungen treffen** geht es um das eigentliche Arbeiten. Schließlich muss neben der ganzen Planerei auch etwas getan werden.

Beim letzten Schritt **Nachkontrolle** geht es um die Evaluation des Tages: Was wurde fertiggestellt, was noch nicht ganz und was wurde ggf. gänzlich vergessen? Natürlich sollen in dieser Phase auch Schlüsse gezogen werden für den nächsten Tag, sodass es ein kontinuierlicher Verbesserungsprozess wird. Und so kann die Eisenhower-Matrix, um die ALPEN-Methode erweitert, aussehen:

DAUER | PUFFER | NACHKONTROLLE

2.4 Das Pareto-Prinzip

Sicherlich kennen Sie das Pareto-Prinzip, dem zufolge man mit wenig Aufwand ziemlich viel erreichen kann. Um genau zu sein, bringen nur 20 Prozent Aufwand ganze 80 Prozent an Ertrag.

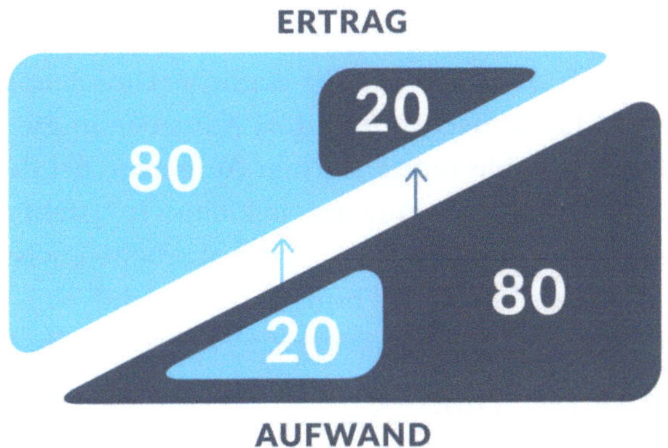

Wie können Sie als Führungskraft das Pareto-Prinzip in Ihren Alltag integrieren? Nun, im Grunde können Sie zwischen unternehmensinternen Handlungen und Handlungen nach außen, mit Kunden und Kooperationspartnern, unterscheiden. Nach außen sollte natürlich alles perfekt sein, aber nach innen ist es doch gar nicht notwendig. Was ich damit meine:

Angenommen, Sie bereiten eine interne Präsentation mit Power-Point vor. Und einige Manager investieren Stunden, um die Slides farblich und grafisch zur Perfektion zu gestalten. Doch müssen wir hier erkennen, dass für die Mitarbeiter auch 80 Prozent an Ergebnis absolut ausreichend wären. Gleiches gilt für das Formulieren von internen E-Mails: Diese müssen nicht perfekt sein, sondern funktional. Bitte nicht falsch verstehen: Einige Aufgaben müssen tatsächlich zu 100 Prozent perfekt ausgeführt sein. Wenn Sie beispielsweise einem Kunden ein Angebot zusenden, wären Fehler und Ungenauigkeiten fatal. Definieren Sie daher bei jeder Aufgabe den Anforderungsgrad ganz bewusst und sparen Sie sich Arbeit, wo sie keine Auswirkungen hätte.

ÜBUNG #9: Pareto in Ihrem Alltag

Notieren Sie sich Aufgaben, bei denen Perfektionismus fehl am Platz ist und bei denen 80 Prozent Ertrag absolut ausreichend sind. Und freuen Sie sich, dass Sie bei diesen Aufgaben nur 20 Prozent an Input geben müssen!

Jetzt natürlich noch der Tipp für die tägliche Umsetzung: Wenn Sie Ihre Eisenhower-Matrix machen und dort Aufgaben in die Quadranten schreiben, dann setzen Sie hinter solchen Aufgaben, bei denen 80 Prozent genug sind, einfach in Klammern ein kleines (p) [steht natürlich für Pareto]. Und wenn Sie dann die To-do-Liste abarbeiten, wissen Sie: Hier muss ich nur 20 Prozent Aufwand bringen, das reicht!

2.5 Die SMART-Formel

Die SMART-Formel hilft einer Führungskraft, die Ziele richtig zu formulieren. Dabei stehen die einzelnen Buchstaben für:

Spezifisch
Messbar
Attraktiv
Realistisch
Terminiert

Während die Eisenhower-Regel Ihnen dabei hilft, die Prioritäten richtig zu setzen, können Sie mit der SMART-Formel prüfen, ob das Ziel auch gut definiert ist.

Spezifisch sollte das Ziel natürlich sein, damit Sie und auch Ihr Team genau wissen, wohin das Schiff segelt. Messbar sollte es sein, damit Sie und das Team überprüfen können, wie schnell Sie vorankommen, was Sie ändern müssen und wann Sie das Ziel erreichen. Attraktiv sollte das Ziel sein, damit Sie und Ihre Mitarbeiter Lust haben und motiviert sind, es zu erreichen. Realistisch sollte es sein, um das Team nicht zu über-, aber auch nicht zu unterfordern. Und schließlich sollte das Ziel auch eine Deadline haben.

Beim Deadline-Setzen sollten Sie als Führungskraft das **Parkinson-sche Gesetz beachten:** Die Arbeit nimmt immer die Zeit ein, die Sie ihr einräumen. Einfach formuliert: Wenn das Projekt vier Monate Zeit bekommt, dann wird es auch mindestens vier Monate dauern, bis es fertig ist. Und wenn Sie zwei Monate einplanen, ist es nach zwei Monaten fertig.

ÜBUNG #10: Ihre smarten Ziele

Notieren Sie Ihre Jahres- und Quartalsziele und prüfen Sie, ob sie den SMART-Anforderungen gerecht werden. Falls nicht, justieren Sie nach.

2.6 Die körperliche Fitness

Es mag etwas überraschen, dass hier als Effizienz- und Effektivitätstechnik die körperliche Fitness auftaucht. Doch bei näherer Betrachtung, ist es logisch, dass unsere Leistungsfähigkeit mit unserem körperlichen Energie-Level direkt zusammenhängt. Wer körperlich fit ist, hat auch mehr Ausdauer. Vor allem unser Schlaf, unser Essen und unser allgemeiner Gesundheitszustand bestimmen unsere körperliche Fitness. Dazu jetzt im Einzelnen.

a) Die Bedeutung des Schlafs

Eine Studie hat gezeigt, dass die Einser-Schüler ihre sehr guten Noten verlieren, sobald sie konstant zu wenig Schlaf haben. Und wir wissen ja auch ganz intuitiv: Unausgeschlafen können wir uns viel schlechter konzentrieren. Eine Studie mit NASA-Piloten zeigte, dass ein 26-Minuten-Nickerchen am Nachmittag die Performance der Piloten um 34 Prozent verbesserte. Heißt: Wenn Sie sich ein Nickerchen leisten können sollten, dann tun Sie das.

Und schließlich zeigte ein Experiment von Professor Dr. Jan Born, der 2010 mit dem hoch dotierten Leibniz-Preis ausgezeichnet wurde, dass wir mit ausreichend Schlaf logische Aufgaben am nächsten Tag besser lösen können. Wie viel Schlaf jeder Mensch braucht, variiert natürlich. Doch jeder weiß, was für ihn die ausreichende Dosis ist. Sich nicht an sie zu halten, macht nachgewiesenermaßen unproduktiver.

b) Die Bedeutung des Essens

Das hier ist natürlich kein Ratgeber zur gesunden Ernährung. Aber auf zwei Punkte möchte ich kurz eingehen. Erstens: Sich beim Mittagessen satt zu essen heißt, in ein Leistungstief zu kommen und ein bis zwei Stunden produktiver Arbeitszeit zu vergeuden. Daher lieber weniger, aber dafür häufiger essen – gerne auch gesunde Snacks wie Nüsse oder Karotten zwischendurch. Zweitens: Das Mittagstief trifft uns auch, wenn wir uns nicht den Bauch vollhauen – allerdings etwas leichter. Es ist ratsam, sich nach dem Mittagessen bewusst keine geistig anstrengenden Aufgaben zuzuweisen. So ist etwa das Beantworten von E-Mails nach dem Essen eine willkommene Aufgabe: wenig anstrengend und muss gemacht werden. Wenn das Leistungstief endet, zum Beispiel gegen 15:00 Uhr, kann man sich wieder wichtigen Aufgaben widmen.

c) Die Bedeutung der Gesundheit

Als Business-Coach treffe ich regelmäßig auf Führungskräfte, die keine Zeit haben, sich um ihre Gesundheit zu kümmern. Und lieber Tabletten nehmen, als die Ursachen ihrer Beschwerden anzugehen. Allerdings ist das zu kurz gedacht: Denn mit körperlichen Beschwerden sind sie dauerhaft weniger leistungsfähig.

Nehmen wir beispielsweise an, eine Führungskraft hat Rückenschmerzen. Der Punkt ist, dass Rückenschmerzen sich natürlich früher oder später spürbar zeigen – und einen Teil unserer Aufmerksamkeit wegnehmen. Das heißt, dass wir uns auf unsere Arbeit nicht zu 100 Prozent konzentrieren können. Dadurch treffen wir nicht die besten Entscheidungen und sind weniger produktiv. Es ist also sinnvoll, die Ursachen von körperlichen Beschwerden anzugehen – auch wenn es manchmal mehrere Wochen dauert, bis der richtige Arzt gefunden ist. Ganz im Sinne der eigenen Effektivität.

ÜBUNG #11: Das eigene Gesundheitsbewusstsein steigern

Führen Sie bitte für eine Woche ein Schlaf-Tagebuch, indem Sie sich notieren, wie viel Zeit Sie netto schlafen. Überlegen Sie sich, welche gesunden Snacks Sie in kleinen Arbeitspausen essen könnten, damit Sie sich beim Mittagessen nicht satt essen müssen. Und schließlich: Notieren Sie sich alle körperlichen Beschwerden – auch die vermeintlichen Wehwehchen, denn auch die lenken ab. Kümmern Sie sich aktiv um Ihren Körper und seien Sie eine energetische und produktive Führungskraft!

2.7 Die Ja-Falle

Haben Sie gerade zu viel zu tun? Zu viele Anrufe? Zu viele E-Mails? Dann sind Sie wohl vor einiger Zeit in die sogenannte Ja-Falle getappt. Auf die Frage: «Hey, könntest du mir da mal helfen?», haben Sie ganz höflich mit «Ja» geantwortet. Auch in E-Mails und Anrufen sagen Sie häufig «Ja». Ihr stilles Nicht-Antworten ist für viele Anlass, Ihnen weitere E-Mails zu senden. Und selbst ein höfliches Abwürgen am Telefon bringt Ihre Gesprächspartner häufig nicht dazu, Sie in Ruhe zu lassen. Dann ist es an der Zeit, häufiger «Nein» zu sagen. Hier einige Möglichkeiten, wie Sie der Ja-Falle entwischen:

a) «Später vielleicht»

Mit dieser Aussage machen Sie deutlich, dass Sie selber viel zu tun haben. Gleichzeitig ist es nicht so schroff, wie ein absolutes «Nein!». Verwenden Sie auch gerne die Formulierung: «Wenn ich nachher noch Zeit finde, mache ich das gern». Sie können die Aussage noch dadurch «würzen», indem Sie etwas ausführlicher beschreiben, was Sie diese Woche noch alles machen müssen, und dem Gesprächspartner klarer vermitteln, dass Sie wahrscheinlich keine Zeit für seine Sache finden werden.

b) «Was genau soll ich da erledigen?»

Diese Frage ist auf den ersten Blick unscheinbar. Sie tun so, als wollten Sie einfach nur detaillierter erfahren, was der andere da von Ihnen möchte. Der Trick: Je ausführlicher der andere erzählt, desto größer wird die Aufgabe. Und wenn Sie noch ein-, zweimal nachfragen, dann können Sie ganz getrost feststellen, dass diese Aufgabe einfach viel zu umfangreich ist. Und sie dann höflich ablehnen.

c) «Jetzt ist leider ungünstig»

Das ist natürlich ein Klassiker des Wegschiebens. Auch hier geht es – wie bei Punkt a) – darum, dass Sie die aufgetragene Aufgabe nicht machen können, weil Sie viele eigene Projekte haben. Diese Aussage können Sie jedoch auch emotional würzen, indem Sie das Wort «leider» stark betonen und so tun, als täte es Ihnen leid, dass es nicht klappt. Ist natürlich fies, weil geschauspielert und unehrlich, aber der andere kann auf uns dann gar nicht böse sein – denn eigentlich würden wir ja gern …

d) Etwas anderes anbieten

Hier geht es darum, einen Gegenvorschlag zu machen. Nach dem Motto: «X kann ich dir nicht bieten, aber Y gerne.» Natürlich ist Y für Sie nicht so arbeitsintensiv und sollte, damit der andere den Alternativvorschlag auch annimmt, einen gewissen Nutzen für ihn haben.

e) «Nein»

Die schwerste Form ist für die meisten ein einfaches «Nein». Mit oder ohne Begründung. Dabei vermittelt Sie dem Gesprächspartner, dass diese Aufgabe nicht «in die Tüte» kommt. Natürlich mit einer vernünftigen Formulierung wie: «Nein, diese Aufgabe möchte ich nicht für Sie übernehmen.» – gesprochen mit ruhiger Stimme und ganz ohne Animositäten. Natürlich könnte es Sie bei dem anderen Sympathiepunkte kosten. Doch dafür gewinnen Sie Zeit. Sie kennen sicher den Ausspruch, der Franz Josef Strauß zugeschrieben wird: «Everybody's darling is everybody's Depp.» Und vor allem als Führungskraft brauchen Sie Zeit. Für strategisches Denken, Kundenkontakt, Meetings und, und, und. Verzichten Sie daher lieber auf ein paar Sympathiepunkte und gewinnen Sie mehr Zeit für Ihre Aufgaben und für sich.

ÜBUNG #12: Mehr Neins

Analysieren Sie, wann Sie in den letzten vier Wochen ungünstigerweise «Ja» gesagt und es nachher bereut haben. Betrachten Sie dabei die Gründe, die Sie dazu gebracht haben, zuzustimmen. Diese Analyse hilft Ihnen, Ihre eigenen inneren Mechanismen besser zu verstehen und mit der Zeit weniger «Ja» zu sagen.

2.8 Die Blöcke-Methode

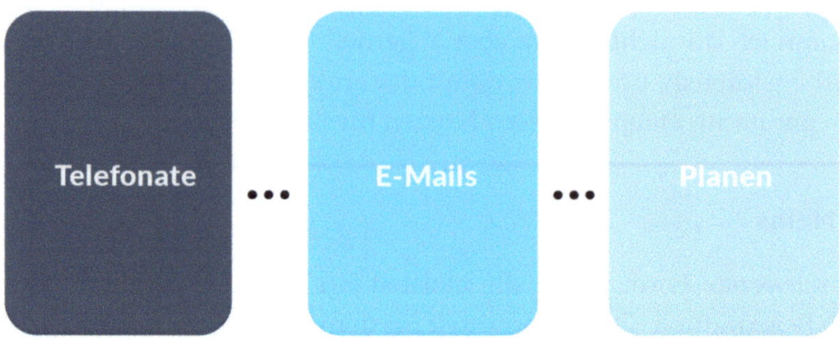

Die Blöcke-Methode besagt, dass ähnliche Aufgaben in einem einzelnen Block erledigt werden sollten. Das betrifft zum Beispiel Telefonate oder E-Mails oder Zeiten für strategisches Nachdenken. Die Idee dahinter ist, dass wir uns an gleichartige Aufgaben gewöhnen und in einen Rhythmus (manchmal sogar in den «Flow») kommen, sodass diese Aufgaben schneller erledigt werden können.

Wenn Sie beispielsweise acht Telefonate vor sich haben an einem Tag, dann sagen Sie Ihrem Gesprächspartner, dass Sie – falls eine E-Mail an ihn erforderlich ist – ihm diese «im Laufe des Tages» zukommen lassen. Wenn Sie sich nämlich sogleich an die E-Mail setzen, dann könnten zwei Dinge passieren: a) Sie werden durch neu ankommende E-Mails abgelenkt und beantworten diese oder b) Sie ziehen andere Aufgaben vor, um nicht weitertelefonieren zu müssen. Denn eines teilen viele Menschen miteinander: Sie telefonieren nicht gern. Daher werden Telefonate eher nach hinten geschoben, obwohl sie etwa für den Vertrieb und auch für die Beziehungsebene viel wertvoller sind als kalte E-Mails.

Wie lang die Blöcke sein sollen, ist natürlich abhängig von Ihnen und Ihrer Aufgabenverteilung. Jemand, der die Blöcke-Methode ziemlich ernst nimmt, ist übrigens Bill Gates. Er ist bekannt dafür, sich einmal im Jahr eine sogenannte «think week» zu gönnen, wo er über langfristige strategische Entscheidungen nachdenkt. Und man kann sagen: Geschadet scheint es ihm nicht zu haben.

2.9 Die Salami-Technik

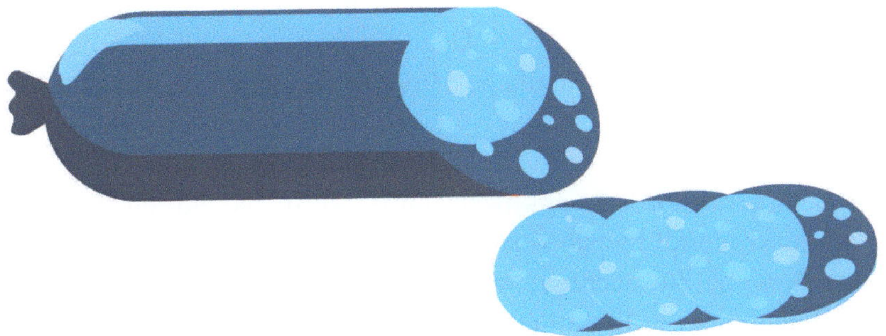

Die Salami-Technik basiert auf der Idee, große Aufgaben in «kleine Scheiben» aufzuteilen. Manchmal sind unsere Aufgaben nämlich so riesig, dass wir sie erst gar nicht angehen wollen. Doch wie sagte der alte Seneca: «Nicht weil es schwer ist, tun wir es nicht; sondern weil wir es nicht tun, ist es schwer». Wenn es also zum Beispiel darum geht, einen kompletten Social-Media-Auftritt für die Firma aus dem Hut zu zaubern oder eine neue Filiale in Shanghai aufzubauen, dann wird uns etwas mulmig. Zu groß scheint die Aufgabe.

Doch wenn wir die einzelnen großen Teilschritte herausarbeiten und die großen Teilschritte in kleine Teilschritte unterteilen, dann ist die Aufgabe gar nicht mehr so bedrohlich. Dazu noch ein wertvoller Gedanke, der Mahatma Gandhi zugeschrieben wird: «Auch die längste Reise beginnt mit einem ersten Schritt».

Das Gemeine bei solchen «Mammut-Aufgaben», die manchmal vor uns liegen, ist auch, dass sie wichtig sind für unseren langfristigen Erfolg. Man könnte manchmal sogar sagen: Je unangenehmer die Aufgabe, desto mehr bringt sie für gewöhnlich ein. Einfaches Beispiel: Eine E-Mail an einen Kollegen zu schreiben ist einfach – eine E-Mail mit einem maßgeschneiderten Angebot an einen potenziellen Kunden zu schreiben, der am Telefon eher zurückhaltend, aber fordernd war, ist schwer. Doch uns allen ist klar, welche der beiden E-Mails mehr Geld einbringt. Daher die große Aufgabe in so kleine Scheibchen schneiden, bis es kein Zaudern mehr gibt. Und so ist keine große Aufgabe mehr zu groß!

2.10 Das Zeit-Tagebuch

In der Rolle als Führungskraft ist vielen nicht bewusst, wie viel Zeit sie für welche Aufgabe verbrauchen. Dagegen hilft ein schlichtes Zeit-Tagebuch, in welches Sie etwa alle 60 Minuten notieren, was Sie gemacht haben.

Auch wenn es auf den ersten Blick lästig erscheint, das Zeit-Tagebuch schafft sehr schnell ein Bewusstsein dafür, wofür Sie aktuell Ihre Zeit nutzen – und womit Sie sie vergeuden. Interessant für die Analyse ist insbesondere, ob Sie wichtige Aufgaben in Ihren Leistungshochs ausgeführt haben oder in Ihren Leistungstiefs. Ein guter Zeitmanager weiß nämlich, zu welchen Zeiten er zu Höchstleistungen fähig ist – und plant die wichtigsten Aufgaben entsprechend.

ÜBUNG #13: Ihr eigenes Zeit-Tagebuch

Notieren Sie die kommende Woche akribisch, was Sie wann und wie lange gemacht haben. Nach sieben Tagen analysieren Sie Ihren eigenen Umgang mit der Zeit. Für gewöhnlich erkennen Menschen dann ein erstaunliches Verbesserungspotenzial!

Fazit

Das waren sie also, die besten Produktivitäts- und Zeitmanagement-Techniken. Sie haben gesehen, dass Sie viele von diesen gut kombinieren können. Natürlich müssen Sie nicht alle gleich umsetzen. Und es wäre recht unrealistisch, wenn Ihnen alle gefallen würden. Sicherlich wenden Sie auch die eine oder andere Technik bereits erfolgreich an. Ich hoffe, dass Sie möglichst viele der oben dargestellten Techniken ausprobieren – und jeder Technik zumindest ein bis zwei Wochen lang eine Chance geben. Denn die zehn Techniken sind alle unglaublich hilfreich, vor allem wenn Sie diese konstant in Ihren Alltag integrieren.

3 DER TEAMLEADER

Teams führen & Mitarbeiter motivieren

Schnellübersicht zum Kapitel:

1. Führungsstile
2. Gekonnt Meetings leiten
3. Team-Leader sein und Gruppen führen
4. Richtig delegieren
5. Erfolgreich Verhandlungen führen
6. Mitarbeiter motivieren

3.1 Führungsstile

Es gibt natürlich ganz unterschiedliche Arten, das eigene Team zu führen. Die wesentlichen Führungsstile werden im Folgenden samt Vor- und Nachteilen vorgestellt. Und um es im Voraus zu sagen: Kein Führungsstil ist perfekt. Vielmehr sollten Sie herausfinden, welcher zu Ihren Mitarbeitern am besten passt. Klar ist nur eines: Der Führungsstil kann einen großen Einfluss auf den Output Ihrer Mitarbeiter und natürlich auch auf die Stimmung im Team haben.

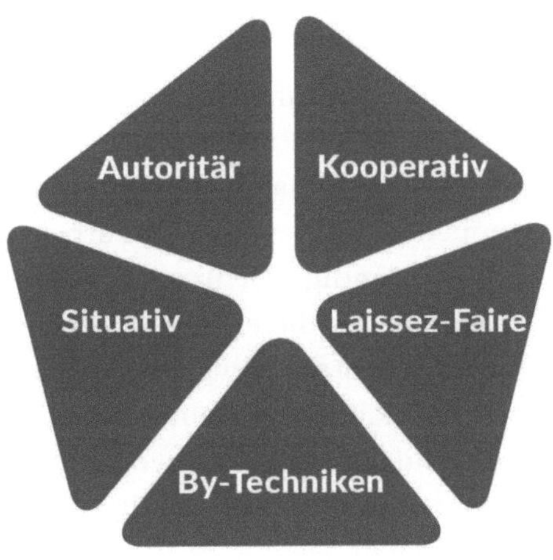

FÜHRUNGSSTILE

a) Autoritärer Führungsstil

Bei diesem Stil steht die Führungskraft im Zentrum und gibt Weisungen, Vorgaben und hält alle Fäden in der Hand. Dabei muss der autoritäre Führungsstil nicht gleich bedeuten, dass die Interessen der Mitarbeiter nicht beachtet oder Fehler bestraft werden. Vielmehr ist die Führungskraft als ein «aufgeklärter Monarch» durchaus denkbar. Dieser weiß mehr und kann mehr als seine Mitarbeiter, lässt sich von Zeit zu Zeit von seinen Leuten beraten und ist für gute Ratschläge dankbar. Autoritarismus ist also nicht zu verwechseln mit Diktatur.

Die **Vorteile** dieses Führungsstils liegen auf der Hand: Entscheidungen werden schnell getroffen, es gibt keine sinnlosen Diskussionen und Meetings. Schließlich wissen die Mitarbeiter auch genau, was sie zu tun und zu lassen haben. Er ist vergleichbar mit einem strengen Lehrer: Eine autoritäre Führungskraft hat das Geschehen im Griff, weiß genau, was sie will und was die Mitarbeiter tun sollen – Chaos bricht niemals aus. Bei weniger kompetenten Mitarbeitern ist der autoritäre Führungsstil durchaus sinnvoll. Eher passive und schüchterne Mitarbeiter nehmen Strenge und klare Regelsetzung positiv wahr, weil ihnen das Orientierung und Schutz gibt.

Die **Nachteile** des autoritären Führungsstils sind: Erstens hängt alles von der Kompetenz der Führungskraft ab. Macht sie einen Fehler, dann kann in einem solchen System kaum jemand seine Stimme erheben oder gar die Führungskraft stoppen. Selbstbewusste Mitarbeiter fühlen sich von so einer Führungskraft entmündigt. Denn egal wie gut ihre Vorschläge sind oder welche Beweise sie für die eigenen Sichtweisen haben – alles hängt vom Wohlwollen des «Patriarchen» ab, was für solche Menschen auf Dauer frustrierend sein kann. Aber auch für die Führungskraft ist ein solches System belastend, da alle Verantwortung auf ihren Schultern lastet und die Führungskraft mit der Zeit überlastet ist, weil sie bei allen Entscheidungen mitspielen will bzw. muss.

Gerade im 21. Jahrhundert ist für Jobs der geistigen Arbeit ein solcher Führungsstil meist kontraproduktiv. Denn platt gesagt: Ein Mitarbeiter weiß mithilfe von Google mehr als jede Führungskraft. Daher ist es nur vernünftig, sich als Führungskraft auf die besser recherchierte Information der eigenen Leute zu verlassen. In einem autoritären System ist es hingegen für Mitarbeiter schwer, sich zu motivieren und mit Eigeninitiative Ergebnisse voranzutragen, da am Ende sowieso der Chef alle Lorbeeren bekommt. Wenn die Autoritätsperson jedoch nicht beratungsresistent ist und Respekt bei Mitarbeitern genießt, ist gegen den autoritären Führungsstil unter den oben genannten Umständen (insbesondere bei fehlender Qualifikation der Mitarbeiter) grundsätzlich nichts einzuwenden.

b) Kooperativer Führungsstil

Beim kooperativen Führungsstil begegnen sich Führungskraft und Mitarbeiter auf Augenhöhe. Diskussionen sind ausdrücklich erwünscht und beide betrachten sich gegenseitig als Partner, nicht als Chef/Angestellter.

Vorteile des kooperativen Stils sind vor allem die erhöhte Motivation der Mitarbeiter durch ihre Partizipation am Entscheidungsprozess und höhere Selbstständigkeit. Auch für die Führungskraft ist dieses Modell weniger intensiv, da sie bestimmte Aufgaben überhaupt nicht oder nur teilweise überblicken muss. Meistens ist das Arbeitsklima deutlich wärmer als beim autoritären Führungsstil, wodurch auch die Leistungsbereitschaft in der Regel höher liegen wird.

Nachteil beim kooperativen Führungsstil ist vor allem, dass durch die offene Diskussionskultur Entscheidungen meistens länger brauchen, zu viele Meetings anberaumt werden, extrovertierte Mitarbeiter die Diskussionen prägen und den Teams ihren eigenen Stempel aufdrücken wollen – quasi als selbsternannte Mini-Führungskräfte.

Damit der kooperative Führungsstil Sinn hat, bedarf es einer höheren Qualifikation der einzelnen Mitarbeiter. Gerade in unserem Demokratie-Zeitalter entspricht der kooperative Stil heutzutage den Erwartungen der meisten Mitarbeiter.

c) Laissez-faire-Führungsstil

Beim Laissez-faire-Führungsstil bekommt der Mitarbeiter größtmögliche Freiheit. Viele Silicon-Valley-Unternehmen machen vor, was in deutschen Unternehmen komplett unvorstellbar ist: Mitarbeiter haben keine festen Arbeitszeiten und keine festen Urlaubstage. Sie können sich Urlaub nehmen, wann und wie lange sie wollen. Auch gibt es keine festen Wochenarbeitszeiten. Sie bestimmen selbstständig, woran sie arbeiten. Und in einigen Unternehmen wird sogar das Gehalt nicht von Führungskräften, sondern (in einem definierten Rahmen und nach bestimmten Performance-Kriterien) vom Team bestimmt. Der Vorgesetzte ist nur über die allgemeinen Entwicklungen informiert – und nennt sich am liebsten nicht «CEO» oder «Manager», sondern einfach nur Jeff oder Sandra.

Vorteile dieses Stils sind vor allem die hohe Arbeitszufriedenheit durch größtmögliche Selbstbestimmung, ein super lockeres Arbeitsklima und zumindest potenziell eine nahezu grenzenlose Kreativität.

Nachteile sind vor allem die fehlende Disziplin und ein chaotisches Durcheinander. Dieser Stil ist auch sehr abhängig von der intrinsischen Motivation der Mitarbeiter. Deswegen bemühen sich erfolgreiche Start-ups, dem Unternehmen einen größeren Sinn und eine Mission in der Welt zu geben, um die Mitarbeiter aktiv und engagiert zu halten.

Gerade in kreativen Abteilungen und jungen Unternehmen ist der Laissez-faire-Führungsstil durchaus Erfolg versprechend, was viele millionenschwere Silicon-Valley-Start-ups eindrucksvoll beweisen.

d) Situativer Führungsstil

Beim situativen Führungsstil passt die Führungskraft ihre Interaktion an den Reifegrad des jeweiligen Mitarbeiters an. So unterscheiden Hersey/Blachard insgesamt vier Reifegrade:

- Bei einer **niedrigen Reife** des Mitarbeiters empfiehlt es sich, klare Anweisungen bzw. Unterweisungen zu geben, die der Mitarbeiter auch genauso umsetzt. Es entspricht dem oben beschriebenen autoritären Typus, bei dem der Chef sagt und der Angestellte macht.
- Bei einer **niedrigen bis mittleren Reife** des Mitarbeiters empfiehlt es sich zu dirigieren, aber gleichzeitig auch zu unterstützen. Das heißt auch, Entscheidungen zu begründen und Fragen zu beantworten.
- Bei mittlerer bis **hoher Reife** soll der Mitarbeiter partizipieren,

d. h. ermutigt werden, eigene Ideen zu entwickeln und eigene Entscheidungen zu treffen.

- Bei **hoher Reife** schließlich kann ihm sowohl die Entscheidungsfindung als auch die Umsetzung übertragen werden.

Es kann übrigens auch sein, dass ein und derselbe Mitarbeiter je nach Arbeitsumfeld unterschiedliche Reifegrade besitzt. Bei neuen Aufgaben also klare Anweisungen geben, bei Aufgaben aus seinem Expertenbereich delegieren. Letztlich ist die Theorie des situativen Führens nichts anderes als gesunder Menschenverstand: Jede Situation und jeder Mitarbeiter erfordern eine Einzelfallprüfung und sollen angemessen gemanagt werden.

Der **Vorteil** des situativen Führungsstils ist offensichtlich: Die Führungskraft behandelt jeden Mitarbeiter, abhängig von seinem Reifegrad, anders und wird dadurch der Person des Mitarbeiters mehr gerecht als in den drei anderen Führungsstil-Modellen, bei dem ein Führungsstil auf alle appliziert wird und nicht bei allen gleich gut ankommt.

Der **Nachteil** ist, dass die Führungskraft den einzelnen Mitarbeiter «lesen» können muss, um herauszufinden, welcher Mitarbeiter wie viel an Weisungen, Lob, Tadel etc. braucht. Das erfordert Zeit und professionell geführte Mitarbeitergespräche (mehr dazu im Abschnitt «Die Führungskraft als Psychologe»).

e) «Management-by»-Konzepte

Gut für die Inspiration, wie man Menschen führen kann, sind die Management-by-Konzepte, die im US-amerikanischen Raum sehr beliebt sind und allgemeine Führungsgrundsätze beschreiben. Im Folgenden werden die sieben wesentlichen Management-by-Konzepte kurz erklärt.

Management by Objectives/Results bedeutet Führung durch Zielvereinbarung. Führungskraft und Mitarbeiter definieren gemeinsam Ziele (zum Beispiel für ein Jahr) und arbeiten mehr oder weniger gemeinsam darauf hin, diese zu erreichen. Großer Vorteil dieses Führungsgrundsatzes ist die Klarheit und Transparenz – großer Nachteil ist der Leistungsdruck für den Mitarbeiter, da ja hier für ihn alles vom Ergebnis abhängt. Entscheidend für den Erfolg ist, inwieweit der Mitarbeiter bei der Zieldefinition einbezogen wird und Freiräume bekommt, den Weg zum Ziel selbst zu definieren (manchmal auch Management by Participation genannt). Je höher der Reifegrad, desto höher sollte die Partizipationsmöglichkeit sein.

Management by Exception bedeutet Führung nur im Ausnahmefall, d. h., nur wenn etwas schiefgeht. Solange alles nach Plan läuft, hält sich die Führungskraft zurück und gibt dem Mitarbeiter möglichst großen Handlungsspielraum. Große Vorteile sind hier die Entlastung der Führungskraft und hohes Verantwortungsbewusstsein beim Mitarbeiter – großer Nachteil ist, dass die Führungskraft nicht über Teilschritte informiert ist und daher ggf. zu spät eingreifen kann.

Management by Decision Rules bedeutet, dass Mitarbeiter eindeutige Wenn-Dann-Regeln bekommen, mit deren Hilfe sie Aufgaben des Alltags bewältigen sollen. Vor allem für Routineaufgaben ist dieser Führungsgrundsatz ideal.

Management by Delegation bedeutet Führung durch korrekte Aufgabenübertragung. Aufgaben, die ein Mitarbeiter besser als die Führungskraft, genauso gut oder noch ausreichend gut erledigen kann, werden delegiert (mehr zum richtigen Delegieren im Kapitel «Führungskraft als Teamleader»).

Management by Motivation bedeutet, dass der Mitarbeiter durch extrinsische (wie Gehaltserhöhungen oder Geschenke) oder intrinsische (wie Selbstverwirklichung und Sinnstiftung) Ziele motiviert wird, seine Arbeit zu verrichten (mehr dazu im Kapitel «Führungskraft als Team-Leader»).

Management by Crisis bedeutet, dass eine interne Krise als Anlass genommen wird, die Unternehmensstrukturen zu verändern, damit eine solche Krise nicht wieder passiert.

Management by Information bedeutet, dass die Informationsweitergabe an Mitarbeiter im Vordergrund steht. Mitarbeiter sollten über (fast) alle Bereiche informiert und ihnen die gebührende Möglichkeit zum Nachfragen gegeben werden.

Natürlich sind die Management-by-Konzepte wenig definiert und werden dafür auch stark von der Forschung bemängelt. Doch ihr Vorteil ist, dass die Leitlinien des Führens griffig in wenigen Worten zusammengefasst werden können und jeder weiß, was gemeint ist.

Daneben gibt es übrigens auch weitere Management-by-Konzepte in der Literatur wie **Mangement by Systems, Management by Wandering Around** und so weiter. Dieser inflationäre Gebrauch der Management-by-Konzepte hat übrigens zu hübscher Satire geführt. Im Folgenden zur Auflockerung eine kleine Auswahl meiner Lieblings-Konzepte aus Internetforen und Blogs von Menschen mit Humor:

- **Management by Dezibel:** Die Führungskraft überzeugt durch Lautstärke und nicht durch Argumente.
- **Management by Fallobst:** Wenn Entscheidungen reif sind, fallen sie von allein.
- **Management by Ping-Pong:** Den Vorgang so lange zurückgeben, bis er irgendwann ins Aus fällt.
- **Management by Zitronenpresse:** Wenn der Chef noch mehr Druck auf sein Team ausübt, dann kann er immer noch etwas rauspressen.
- **Management by Nilpferd:** Als Führungskraft bis zum Hals im Dreck stecken, hin und wieder das Maul aufreißen und danach für einige Zeit komplett abtauchen.
- **Management by Babysitter:** Führungskraft kümmert sich um die Angelegenheiten, bei denen Mitarbeiter am lautesten schreien.

- **Management by Nena:** Irgendwie, irgendwo, irgendwann.
- **Management by Herodes:** Nach einem kompetenten Nachfolger für sich selber suchen und ihn dann feuern.
- **Management by Jojo:** Erst Mitarbeiter fertigmachen, bis er am Boden ist, ihn dann durch Lob wieder aufbauen, bis er zufrieden und selbstbewusst ist, und dann wieder totkritisieren.
- Und schließlich **Management by Astronaut:** Weitschweifige und gewichtslose Ausführungen durch die Führungskraft.

ÜBUNG #14: Ihr jetziger Führungsstil

Jetzt, da Sie die unterschiedlichen Führungsstile kennen, reflektieren Sie kurz über Ihren eigenen Führungsstil. Sind Sie autoritär? Laissez-faire? Und vor allem: Wenden Sie den situativen Führungsstil an? Vor allem zum letzteren könnten Sie sich nun Situationen notieren, in denen Sie in Zukunft mehr situativ führen wollen.

3.2 Gekonnt Meetings leiten

Meetings haben in Unternehmen generell keinen guten Ruf. Sie sind zeitraubend, unangenehm und häufig ergebnislos, weshalb sie sowohl von vielen Mitarbeitern als auch von vielen Führungskräften innerlich abgelehnt werden. Kein Wunder: In vielen Berufen verbringen Menschen rund die Hälfte Ihrer Arbeitszeit in Meetings, die im Schnitt ca. drei Stunden dauern.

Bei näherer Betrachtung müssten daher viele Führungskräfte eigentlich zu der Erkenntnis kommen, dass so viele Meetings nicht notwendig sind, da sich die Probleme auch über E-Mail oder andere Kommunikationswege lösen lassen. Häufig wird das Meeting trotzdem durchgeführt – denn «geplant ist geplant». Und wenn sich die Angelegenheit in der Zwischenzeit erledigt hat, wird vielerorts spontan eine neue Agenda entworfen, auf die sich viele nicht vorbereiten konnten und von der nicht alle Anwesenden betroffen sind. Warum sollte man da also zuhören? Rund ein Drittel der Meeting-Teilnehmer erledigen Studien zufolge private Sachen während der Sitzung (E-Mails, WhatsApp, Facebook, Spiele etc.). Das ist leider Alltag in Deutschland.

Seien Sie mutig und sagen Sie das Meeting ab, wenn Sie merken, dass es auch ohne geht.

Falls aber das Meeting unbedingt erforderlich ist und damit Ihre Meetings in Zukunft Ihren Zweck zu 100 Prozent erfüllen und gerne besucht werden, sollten Sie fünf wesentliche Meeting-Typen kennen und ihre jeweiligen Vorteile und Herausforderungen beachten.

a) Informations-Meetings

Dieser Meeting-Typ erfordert die meiste rhetorische Vorbereitung. Denn wenn Informationen vermittelt werden sollen, tendieren wir dazu, viel auf die Slides zu packen – und die Zuhörer sind schnell überfordert.

Wenn Sie das Meeting nur leiten und die Mitarbeiter die Vorträge halten, dann lassen Sie sich im Vorfeld die Präsentationen und die geplante Redezeit zukommen. Wenn Sie das Gefühl haben, es ist zu viel Stoff, dann bitten Sie den Mitarbeiter, die Präsentation zu kürzen. Und machen Sie klar, dass die eingeplante Rededauer eingehalten werden muss. Nichts ist schlimmer, als ein Meeting, in dem jeder überzieht und alles sich dadurch endlos hinzieht. Als Moderator eines Informations-Meetings sollten Sie vor jeder Präsentation eine kleine Einführung geben. Häufig sind die Mitarbeiter tolle Fachleute, verpassen es aber regelmäßig, den Vortrag in einen breiteren Kontext zu stellen. Dadurch geht die anschließende Präsentation an den Zuhörern vorbei, da sie denken, es betrifft sie nicht. Weil Sie die Kollegen aber zum Meeting eingeladen haben, sehen Sie auch die Relevanz für alle Anwesenden. Und genau diese Relevanz für alle sollten Sie in kurzen einführenden Worten herstellen, bevor der präsentierende Kollege übernimmt.

Natürlich sollte auch Zeit für Fragen eingeplant werden. Sie können übrigens auch einen «Zeitwächter» bestimmen, der ganz objektiv die Anwesenden fünf Minuten vor Zeitablauf warnt und am Ende der Zeit ein weiteres Signal gibt. Besonders in Deutschland lieben die Menschen Struktur. Und gerade bei Informations-Meetings ist Struktur wichtig.

Zwei letzte Tipps zu Informations-Meetings: Erstens achten Sie darauf, dass die Übergänge zwischen den vortragenden Mitarbeitern weich sind. Das heißt konkret, dass Sie am besten in eigenen Worten das Wesentliche der vergangenen Präsentation kurz zusammenfassen und idealerweise einen thematischen Übergang zur nachfolgenden Präsentation finden.

Zweitens achten Sie darauf, dass Sie am Ende eine kurze allgemeine Zusammenfassung des Meetings geben und zum Beispiel die drei wichtigsten Informationen betonen, auf die es ankommt. Wenn Sie selber vortragen, dann üben Sie Ihre Rede mindestens einmal laut. Denn Sie sollen ebenfalls ein Vorbild sein und selber weder die vorgegebene Zeit überschreiten noch während des Vortrags nach Worten ringen müssen. Vertrauen Sie meinen langjährigen Erfahrungen als Speaker: Nichts ist besser, als die eigene Präsentation zu Hause einmal durchzusprechen.

b) Entscheidungs-Meetings

Bei diesem Meeting-Typ geht es darum, eine Entscheidung zu treffen. Natürlich können Sie als Führungskraft eine Richtung vorgeben und so die Entscheidung erheblich beeinflussen. Und selbst wenn Sie eine klare Tendenz haben: Lassen Sie sich nicht in die Karten schauen. Lassen Sie die Mitarbeiter über Pro- und Kontra-Argumente debattieren, diskutieren, sich widerlegen, Beispiele sammeln und Erfahrungswerte (auch von der Konkurrenz) analysieren.

Ihre Rolle ist hier, ganz im Sinne der bestmöglichen Entscheidungsfindung, darauf zu achten, dass alle Entscheidungsoptionen auf den Tisch kommen und mit Argumenten unterfüttert werden.

Die größte Gefahr bei Entscheidungs-Meetings ist das sogenannte **groupthink**, also das «Gruppendenken». Das Phänomen, welches Irving Janis als Erster systematisch untersucht hat, beschreibt die Tendenz der Gruppenmitglieder, bewusst oder unbewusst ihre Meinungen an die erwartete Gruppenmeinung anzupassen. Der Mitarbeiter will hier «auf der richtigen Seite» stehen und nicht ausscheren. Das führt dazu, dass nicht jede Handlungsoption gebührend analysiert wird, sondern die meisten Mitarbeiter gleich zu einer Lösung tendieren und diese Tendenz sich mit der Zeit noch verstärkt.

Das berühmte **Konformitätsexperiment von Asch** aus den 50er-Jahren hat sogar gezeigt, dass Menschen sich auch dann der Mehrheitsmeinung anschließen, wenn sie wissen, dass die Mehrheitsmeinung objektiv falsch ist. Und das nur, um nicht aus der Gruppe auszuscheren.

Was also tun gegen Gruppendenken? Erstens sollten starke Meinungsmacher in der Gruppe gebremst werden. Zweitens sollte die Führungskraft deutlich machen, dass abweichende Meinungen sehr willkommen sind. Drittens sollten zu allen Handlungsoptionen Argumente vorgetragen werden.

Meine Lieblingsmethode, um ein Entscheidungs-Meeting durchzuführen, ist die Debatte. Dabei werden Positionen den Mitarbeitern zugewiesen und jeder erhält fünf Minuten Zeit, für die eigene Seite zu sprechen. Dabei ist irrelevant, ob der Mitarbeiter die zugeloste Position auch selber vertritt. Es geht nur darum, dass möglichst viele Pro- und Kontra-Argumente auf den Tisch kommen. Um den Ablauf nicht allzu kompliziert zu machen, spricht zuerst jemand von der Pro-Seite, dann jemand von der Kontra-Seite, dann wieder jemand von der Pro-Seite und so weiter.

So eine Entscheidungs-Debatte kann richtig Spaß machen und ist eine der beliebtesten Übungen, die ich als Coach bei Führungskräftetrainings einsetze. Um die Debatte zu würzen, können auch Zwischenfragen erlaubt werden. Sie, als Führungskraft, können sich überlegen, bei der Debatte entweder selber mitzumachen oder sich die Debatte als «Richter» anzuhören und die besten Argumente mitzuschreiben und anschließend mit den Mitarbeitern durchzugehen. So eine Debatte macht Gruppendenken absolut unmöglich.

Alternativ zu einer Debatte ist zum Beispiel auch anonymes Feedback möglich, wobei Sie als Führungskraft die anonymisierten Stellungnahmen laut vorlesen und anschließend im Team diskutieren.

Selbstverständlich geht es beim Entscheidungs-Meeting am Ende um das Fällen einer Entscheidung. Sie sollten das Prozedere der Entscheidungsfindung am besten vorher den Mitarbeitern mitteilen, damit darüber absolute Transparenz herrscht.

Noch ein letzter Tipp: Wenn Sie das Entscheidungs-Meeting moderieren, dann achten Sie darauf, dass alle entscheidungsunerheblichen Fragestellungen ausgeklammert werden. Es geht bei diesem Meeting-Typ nur darum, eine bestimmte Entscheidung zu treffen.

c) Brainstorming-Meetings

Das Brainstorming ist nicht nur was für Kreativabteilungen. Alle Abteilungen eines Unternehmens können gute Ideen gebrauchen: Konstrukteure, Controller, Juristen etc. Die Frage ist: Wie organisiert man das Brainstorming-Meeting so, dass sich möglichst viele Mitarbeiter daran beteiligen und es auch zu konstruktiven Ergebnissen kommt?

Zuallererst ist die Fragestellung für das Meeting wichtig. Die Fragestellung darf nicht zu global gestellt werden (z. B. «Was können wir in der Firma besser machen?»). Darüber hinaus gibt es beim Brainstorming zwei Phasen, für die klare Regeln gelten:

In **Phase 1** geht es darum, möglichst viele Ideen zu generieren. Daher sind Kritik und Lob verboten. Auch jede sonstige Form des Kommentars soll unterbleiben. Falls Teilnehmer dagegen verstoßen, sollten Sie dezent noch mal auf die Regeln aufmerksam machen. Je kreativer und verrückter sich die Idee anhört, desto besser. Die Teilnehmer können sich ferner im Laufe des Meetings von anderen Ideen inspirieren lassen und ihre eigene Idee mit einer bereits genannten Idee neu kombinieren. Es gibt einen Protokollanten, der die Ideen aufschreibt. Und die Phase sollte nicht länger als 20 – 30 Minuten dauern. Oder noch kürzer. Es soll also ein schnelles Ideenfeuerwerk sein, kein Ideenmarathon.

Erst in **Phase 2** werden die gesammelten Ideen in Cluster sortiert und eine nach der anderen bewertet. Dies kann durchaus länger dauern, wobei auch Experten zurate gezogen werden können, falls nicht klar ist, ob eine Idee auch umsetzbar ist.

Brainstorming ist die beliebteste Kreativitätstechnik in der Welt. Doch gibt es auch Skeptiker. Ich kann mich noch gut an einen Artikel in der ZEIT- Campus erinnern mit dem Titel «Brainstorming ist Bullshit». Dort wurde ein Experiment der Universität Utrecht zitiert, bei dem Gruppen 20 bis 50 Prozent weniger Ideen generierten als Menschen in Einzelarbeit. Bei der Studie waren die Ideen aus der Gruppe zudem qualitativ gesehen weniger kreativ. Ursachen dieses Gruppenversagens sehen Forscher darin, dass das laute Hereinschreien der Idee die Menschen beim Denken stört. Auch lenken Ideen der anderen vom eigenen Denkprozess ab. Und das System bevorzugt spontane Menschen, denn manche brauchen einfach mehr Zeit, um auf neue Ideen zu kommen. Von Hierarchien natürlich ganz zu schweigen – Schüchterne und Ängstliche wollen sich nicht vor dem Chef blamieren.

Unter diesen ungünstigen Umständen überrascht es nicht wirklich, dass Individuen auf mehr und bessere Ideen kommen als Gruppen. Doch ist Brainstorming damit wirklich Bullshit? Mitnichten! Denn die Führungskraft kann als Moderator für gute Atmosphäre sorgen, Hierarchien durch eigenes Verhalten vergessen machen und damit den Schüchternen die Angst nehmen sowie Fehler und blöde Ideen zulassen. Denn man kann es auch positiv sehen: Ideen der anderen können meinen Denkprozess unterbrechen – oder aber sie können ihn erst richtig ankurbeln. Manchmal kommt man erst durch die Idee eines Kollegen auf seine eigene Idee. Alles also eine Sache der richtigen Umstände beim Brainstorming.

Übrigens empfiehlt es sich auch, zu Beginn die Mitarbeiter alleine nachdenken zu lassen, zehn Minuten zum Beispiel, und erst anschließend gemeinsam zu diskutieren. So können die Vorteile der Einzelarbeit (volle Konzentration) und die Vorteile der Gruppenphase (gegenseitige Inspiration) kombiniert werden. Oder Sie gestalten Phase 1 komplett anonym und sammeln Ideen nur schriftlich – zum Beispiel mittels eines elektronischen Meetingsystems –, das nennt man dann Brainwriting. Vorteil der Anonymität ist, dass niemand weiß, welche Idee vom Chef und welche vom Praktikanten kommt. Auch hier soll die Phase 1 ohne Bewertungen stattfinden. Erst in Phase 2 werden Ideen diskutiert und analysiert.

Ob Brainstorming oder Brainwriting: Probieren Sie am besten beides und schauen Sie, bei welcher Methode Ihr Team mehr kreative Ideen findet und mehr Spaß hat. Übrigens: Die innovativsten Ideen kommen häufig gar nicht von Fachleuten, sondern von nur mittelbar oder sogar nichtbeteiligten Kollegen. Denn Fachleute denken häufig in Systemzwängen und seltener «out of the box». Laden Sie zum Brainstorming oder Brainwriting daher im Sinne der Vielseitigkeit der Ideen auch nicht direkt betroffene Kollegen ein. In Phase 2 können Sie dann (nur) mit Ihren Fachleuten diskutieren, welche «verrückte» Idee vielleicht doch umsetzbar ist.

d) Trainings-Meetings

Der vierte Meeting-Typ ist das Meeting zum Zweck des Trainings und der Weiterbildung. Hier gibt es natürlich generell zwei Möglichkeiten: entweder sich von außen einen externen Berater einkaufen oder das Training selbst organisieren.

Wenn Sie einen externen Berater hinzuziehen, sollten Sie nicht nur auf dessen Kompetenzen und Referenzen achten, sondern auch darauf, dass das Training maßgeschneidert ist auf die Bedürfnisse des Teams. Dazu jetzt etwas aus dem Nähkästchen: Wenn ich für Führungskräftetrainings oder Verhandlungs- oder Rhetorikseminare von einer Firma gebucht werde, dann geschieht das meist über die Personalabteilung. Der Chef nimmt sich keine Zeit, mit mir als Trainer zu sprechen. Er lässt den Personaler entscheiden und gibt meist entweder nur ein Budget vor oder lässt sich drei Angebote vorlegen. Er entscheidet, ohne mit dem Trainer gesprochen zu haben. Nur ca. eine von sieben Führungskräften nimmt sich die Zeit, mir 20 – 30 Minuten zu erklären, was sein Team braucht.

Dabei weiß, wenn man ehrlich ist, der Personaler häufig nicht, was das Fachteam genau braucht. Das weiß am besten die Führungskraft. Und ein weiteres Problem: Der externe Trainer kann zum Personaler nur schwer sagen: «Geben Sie mir mal bitte Ihren Chef, damit dieser mit mir die Schwerpunkte des Trainings besprechen kann.» Das könnte zu aufdringlich wirken und der Berater will seinen Auftrag ja nicht gefährden. Zum anderen ist der gewöhnliche Trainer einfach nur froh, ein Seminar verkauft zu haben. Und wird auch aus Eigeninteresse sein Standardprogramm abspulen – wie ein Lehrer am Gymnasium, der seit 20 Jahren die gleichen Buchvorlagen nutzt.

Einige Führungskräfte machen es aber genau richtig: Sie vereinbaren mit mir als Trainer einen Telefontermin von mindestens 30 Minuten, erzählen mir dann ausführlich von Unternehmenswerten, kommunikativen Schwierigkeiten und gewünschten einzelnen Inhalten und Übungen.

Dadurch erhöhen sie den Praxisbezug des Trainings und damit dessen Qualität enorm. Und die Mitarbeiter sind auch viel zufriedener, weil der Trainer nicht «über die Köpfe hinweg» redet, sondern über die rhetorischen Herausforderungen ihres Alltags.

Wenn Sie also einen externen Trainer buchen, dann nehmen Sie sich diese halbe Stunde Zeit, um dem ausgesuchten Trainer zu zeigen, was Sie und Ihr Team beim Training wirklich brauchen.

Wenn Sie das Training intern selber oder durch einen Mitarbeiter durchführen lassen, dann achten Sie darauf, dass es pädagogisch sauber aufbereitet ist. Dazu ist kein neunsemestriges Pädagogik-Studium erforderlich. Der interne Trainer sollte

- einfach und für alle verständlich beginnen und langsam in die Tiefe gehen,
- gut erklären und schöne Beispiele vorbereiten und
- immer für Zwischenfragen offen sein.

Das war's. Mehr Pädagogik braucht es nicht. Noch eine letzte Idee: Wenn Sie häufig interne Schulungen durchführen, ist eine Sicht von außen mal ganz erhellend. So sollte ich vor Kurzem Führungskräfte des Polizeipräsidiums München rhetorisch schulen – und die hatten bisher nur polizeiinterne Schulungen. Diese Schulungen hatten ganz bestimmte polizeiinterne Kriterien, die auch gut waren, aber etwas einseitig. Daher war es für die Polizei-Führungskräfte wichtig, von einem Externen einmal ganz anderes Feedback zu bekommen, wie sie auf andere wirken, und ganz neue Übungsformen auszuprobieren. Ab und zu Impulse von außen, so das Fazit, tun Ihrem Team gut.

e) AMA-Meetings

Der letzte Meeting-Typ ist in Deutschland eher unbekannt, in modernen US-Unternehmen jedoch sehr beliebt: das Ask-Me-Anything-Meeting (AMA-Meeting). Hier beantwortet die Führungskraft jedwede Frage aus dem Team. Die Fragen können entweder anonym gesammelt oder direkt vor Ort gestellt werden. Bei einer bestehenden offenen Kommunikationskultur lieber Letzteres, bei einer suboptimalen Kommunikationskultur lieber anonym, sonst traut sich niemand.

Es gibt zahlreiche Vorteile eines AMA-Meetings. Erstens sind die Fragen ein ehrliches Feedback. Führungskräfte erkennen sofort, womit die Leute unzufrieden sind, und wissen, wie Mitarbeiter denken. Kritisches Feedback wird zu Unrecht von Führungskräften gefürchtet. Denn bei jedem kritischen Feedback gibt es nur zwei Möglichkeiten: Entweder ist die Kritik nicht berechtigt, dann sollten Sie natürlich erklären, warum das der Fall ist. Oder die Kritik ist berechtigt, dann können Sie sie als Idee aufgreifen und Prozesse oder Produkte besser machen. Durch ehrliches Feedback kann das Unternehmen schneller lernen und sich langfristig verbessern.

Wenn Sie Angst haben, dass Ihnen spontan keine gute oder schlagfertige Antwort einfällt, dann sammeln Sie die Fragen doch ein bis zwei Tage vorher ein und überlegen Sie sich die Antworten im Voraus.

Zweitens können Sie Missverständnisse ausräumen. Es ist ein offenes Geheimnis, dass in vielen Abteilungen kleine Intrigen und Gerüchte umherschwirren. Ein AMA-Meeting ist eine tolle Möglichkeit, klar Position zu beziehen und Gerüchten ein Ende zu setzen. Auch falsche Vorstellungen der Mitarbeiter, die gar nicht bewusst gegen die Firma gerichtet sind, kann man so aufspüren und korrigieren.

Und drittens fühlen sich Mitarbeiter gehört, weil die Führungskraft ihnen die Möglichkeit gibt, direkt zu interagieren. Viele Firmen in Deutschland sind meilenweit von offener Feedbackkultur entfernt. Auch Obrigkeitsdenken und Hierarchien spielen in Deutschland in vielen Branchen eine entscheidende Rolle. Daher traut sich kaum ein Mitarbeiter, zum Chef zu gehen und ihn offen zu kritisieren. Das heißt aber auch, dass der Mitarbeiter sich im Status quo nicht gehört und damit auf Dauer ungerecht behandelt fühlt. Durch ein anonymisiertes Feedback kann er seinem Unmut aber auch Luft verschaffen (was alleine schon für sich gut ist) und einen direkten Draht zum Chef bekommen.

Alles in allem eignen sich AMA-Meetings wunderbar zur Beziehungspflege mit dem Team und sind absolut zu empfehlen.

f) Zehn allgemeine Meeting-Regeln

Und dann gibt es noch ein paar gute allgemeine Regeln für Meetings, die Sie gerne als Checkliste vor jedem Meeting durchgehen können, um Ihren Mitarbeitern eine bestmögliche Meeting-Erfahrung zu bieten:

10 MEETING-REGELN

1. Das Meeting immer pünktlich starten und beenden.
2. Mindestens 24 Stunden vorher allen Teilnehmern eine detaillierte Agenda und ggf. Materialien zukommen lassen.
3. So viele Teilnehmer wie nötig, so wenig wie möglich.
4. Einen Moderator bestimmen (gern auch selbst führen), der auf die Einhaltung des Zeitplans sowie die Relevanz der Beiträge achtet und bei Bedarf höflich einschreitet.
5. Allen Teilnehmern ein Protokoll der Ergebnisse samt «Call to action» zukommen lassen. Am besten noch am selben Tag.
6. Möglichst nur 1 bis 2 Themen.
7. Niemals den Punkt «Sonstiges» auf die Agenda setzen – ufert nur aus.
8. Während der Besprechung stehen. Das Meeting geht so früher zu Ende und die Teilnehmer haben währenddessen eine aktivere Körperhaltung anstelle des «Im-Stuhl-Liegens».
9. Keine Snacks, die machen nur träge und dick.
10. Wenn möglich bitten, auf Smartphones, Laptops und Tablets zu verzichten.

ÜBUNG #15: Ihre eigenen Meetings

Analysieren Sie nun bitte Ihre eigenen Meetings und prüfen Sie kritisch, ob und wie Sie die zehn oben genannten Meeting-Regeln in Ihren Alltag integrieren können.

3.3 Team-Leader sein und Gruppen führen

Es ist wunderbar, Meeting-Typen und deren spezifische Herausforderungen zu kennen. Doch ist das nur die halbe Miete. Am Ende bestehen Gruppen aus Individuen und die können unterschiedlicher nicht sein. In jedem Meeting gibt es sie – die klassischen Vertreter bestimmter Persönlichkeitstypen.

Fangen wir doch bei diesem schönen Meeting-Zoo oben an und analysieren alle Charaktere nacheinander im Uhrzeigersinn. Unser erster Protagonist ist der bissige Hund, **der Streiter**. Ihm geht es darum, einen Konflikt im Team entstehen zu lassen. Er liebt Konfrontationen und fühlt sich mutig genug, es auch mit Ihnen als Führungskraft aufnehmen zu können. Umerziehen können Sie ihn – und übrigens auch alle anderen Charaktere – nicht. Daher stellt sich die Frage, wie man den Streiter am besten «führt». Antwort: Ruhig bleiben und nicht auf die Provokationen eingehen, denn die wären für die Gruppe kontraproduktiv.

Hier werde ich als Coach häufig gefragt: *«Wie soll ich denn ruhig bleiben, wenn der andere ein Arschloch ist und einfach nur Streit sucht?»* – Und das ist auch richtig: Innerlich ruhig zu bleiben erfordert emotionales Training, welches nicht für alle interessant ist, einen langwierigen Prozess darstellt und Stoff für ein ganzes Buch bereithält. Es gibt da aber auch schnelle Abhilfe: Wenn Sie sich innerlich vom Streiter provoziert fühlen, zeigen Sie es zumindest nach außen hin nicht. Sie müssen lediglich auf eine ruhige Stimme und langsame Körpersprache achten. Denn niemand im Meeting kann in sie reinschauen. Wenn Sie nach außen so tun, als wären Sie ruhig, reicht das häufig aus.

Anschließend stellen Sie die provokanten Ideen des Streiters zur Diskussion in der Gruppe. Sie können auch dezent die Gruppe dazu veranlassen, die Ideen des Streiters anzuzweifeln und zu widerlegen. Beispielsweise mit dem Satz: «*Interessante Idee. Ich habe das Gefühl, dass die Idee diskussionswürdig ist.* Was meinen die anderen dazu?» So gehen Sie geschickt der direkten Konfrontation aus dem Weg und senden durch Ihre (nach außen hin) ruhige Art dem Streiter die klare Botschaft, dass es keinen Streit geben wird.

Gehen wir weiter durch unseren Meeting-Zoo. Das Pferd ist **der Positive** in der Gruppe. Ihn sollten Sie, gerade wenn es negativ wird, in die Diskussion einbeziehen. Er eignet sich auch wunderbar für gute Zusammenfassungen. Nutzen Sie ihn nicht zu häufig – er ist Ihr Gute-Laune-Joker für schlechte Zeiten.

Der nächste Idealtypus eines Meeting-Teilnehmers ist **der Alleswisser**, hier in Gestalt des Affen dargestellt. Er ist wie ein Streber in der Schule: gut vorbereitet, meldet sich sofort bei Fragen und gibt meist gute Antworten. Achten Sie beim Alleswisser darauf, dass er nicht zu häufig zu Wort kommt, damit möglichst viele ins Meeting einbezogen werden. Geben Sie ihm aber die schwierigen Fragen, denn er ist der beste Kandidat, um auf diese die beste Antwort zu geben: Ihr Wissens-Joker. Der Streber lässt sich übrigens auch gut durch passende Leistungsanreize motivieren, seien es Entwicklungs-, Status- oder Geldanreize. Denn Streber sind nie umsonst Streber. Sie wollen etwas. Finden Sie heraus, was es ist, und lassen Sie den Alleswisser noch bessere Arbeit machen. Wie Sie herausfinden, was ein Mitarbeiter wirklich will, lesen Sie im nächsten Kapitel *«Der Psychologe»*.

Falls der Streber und Alleswisser die anderen rücksichtslos unterbricht oder abfällig kommentiert, indem er beispielsweise erläutert, warum die Antwort des Kollegen dumm war, dann ist er natürlich zu bremsen. In einem Mitarbeitergespräch können Sie seine besondere Leistung loben. Machen Sie ihm aber deutlich, dass er nicht Alleinkämpfer für seine Karriere sein, sondern als Teamplayer fungieren soll. Setzen Sie ihm für seine Teamarbeit geschickte Anreize und belohnen Sie ihn.

Gehen wir also weiter zum Frosch, der viel quakt und dabei nicht viel sagt. Er steht allegorisch für **den Redseligen**. Bei ihm hilft die sogenannte «Spiegel-Technik»: ihm also auf der Meta-Ebene einen Kommunikations-Spiegel zeigen und darauf hinweisen, dass er zu viel redet und sich bitte kürzer fassen soll. Etwa so: «Herr Müller, merken Sie, dass Ihre Redebeiträge länger und häufiger sind als die Ihrer Kollegen?» Bei ihm ist es auch wichtig, hartnäckig zu sein. Das heißt, wenn er wieder herumschwafelt, ihn immer wieder darauf hinzuweisen. Da reichen zwei- bis dreimal nicht aus. Der Redselige hat sich seine Art meist dadurch angewöhnen können, weil ihn im Berufs- und Privatleben bisher alle haben ausreden lassen. Durch die konstante Anwendung der Spiegel-Technik machen Sie ihm klar, dass er mit dem Geschwafel ab jetzt nicht weit kommt.

Die Antilope steht für **die Schüchterne**. Das geringe Selbstbewusstsein führt dazu, dass sie Angst hat, sich zu beteiligen. Daher ist es als Team-Leader Ihre Aufgabe, sie mit leichten Fragen in die Diskussion zu integrieren und ihre Antworten dezent zu loben. Das könnte die Schüchterne dazu ermuntern, auch von sich aus in die Diskussion einzusteigen.

Der Igel ist **der Ablehnende**. Bei neuen Vorschlägen fährt er seine Stacheln heraus und kennt 100 Gründe, warum etwas nicht funktionieren wird. Er hat häufig gar nicht Unrecht und kann ggf. auf Erfahrungswerte verweisen. Naturgemäß sieht er zwar immer alles eher negativ, doch hören Sie sich seine Ablehnungsgründe genauer an. Manche davon sollten Sie animieren, einen Vorschlag nicht umzusetzen oder abzuwandeln. Ungewollt mahnt er Sie lediglich zu mehr Vorsicht. Sehen Sie das positiv!

Das Nilpferd ist **der Uninteressierte**. Er taucht bei jeder Meeting-Sitzung ab und sagt absolut gar nichts. Dazu macht er auch diesen abwesenden Gesichtsausdruck. Doch wie können Sie ihn an die Oberfläche zurückholen? Wenn ihn schon nichts an Ihrer Sitzung interessiert, so ist er – wie die meisten Menschen – egozentrisch und redet gern über sich und über seine eigenen Projekte. Fragen Sie ihn nach seinen aktuellen Tätigkeiten und Plänen. Er wird gerne geistig auftauchen.

Die Giraffe steht sinnbildlich für das große Tier, also eine wichtige oder die **wichtigste Person im Raum**. Im US-Slang ist es übrigens nicht die Giraffe, sondern der HIPPO («highest paid person's opinion»). Das könnte zum Beispiel Ihr eigener Vorgesetzter sein, der beim Meeting anwesend ist. Was also tun mit dem großen Tier? Das Wichtigste ist, ihn nicht zu kritisieren – weder direkt noch indirekt. Das wird er merken. Natürlich sollten Sie ihm auch nicht Honig ums Maul schmieren. Was sehr gut ankommt, ist, seine Sichtweisen vorsichtig zu relativieren, und zwar mit Formulierungen wie «Einerseits ja, andererseits ...», oder: «Sie haben in dem Punkt absolut recht und hinzufügen könnte man noch ...» oder: «An dieser Stelle würde ich gerne ergänzen, dass ...» Gerade die letzten beiden Formulierungen haben keinen Spannungsmoment zu seinen Aussagen und eignen sich ideal für Vorgesetzte, die nicht mal den geringsten Widerspruch dulden können.

Das große Tier kann übrigens auch ein **allseits respektierter Kollege** sein, der zwar hierarchisch unter Ihnen steht, jedoch größte Popularität bei den Mitarbeitern genießt. Diesen Status hat er häufig nicht nur wegen seiner hohen Kompetenz, sondern weil er sich auch intensiv für die Belange des Teams einsetzt. Machen Sie ihn sich daher zum Freund und würdigen Sie seine Beiträge besonders.

Unser letztes Tier ist **der Ausfrager**, hier dargestellt als der listige Fuchs. Er fragt bis ins Detail, notiert sich alles und macht auf Dinge aufmerksam, die unklar geblieben sind oder von Ihnen schlecht erklärt wurden. Sie können einige der Fragen an das Plenum abgeben und einige Fragen selber beantworten. Der Ausfrager wirkt auf viele wie ein nervender Genosse. Doch auch ihn können Sie positiv sehen: Er weist auf Lücken hin, die Sie und das Team schließen können. Er ist eine Art logischer Perfektionist, der alles wissen will. Seine Fragen bringen Sie und Ihr Team letztlich zu einer besser begründeten Antwort. Stoppen sollten Sie seine Ausfragerei jedoch bei für das Team unwichtigen Themen. Denn bei diesen

gilt das Pareto-Prinzip, nach der man sich mit 80 Prozent zufriedengeben kann, wenn etwas nicht sehr relevant ist.
Natürlich sind diese neun Meeting-Gestalten nicht die einzigen, wohl aber die häufigsten. Selten kommen noch diese Spezies vor: **der Gruppenclown**, dem die Führungskraft natürlich in einem Zweiergespräch genaue Grenzen zu setzen hat. Wichtig bei ihm ist, nicht die Späße komplett zu verbieten, sondern das rechte Maß zwischen Erheiterung und Ablenkung für das Team zu finden. Dann ist da noch **die Schlange**, also ein Mitarbeiter, der Intrigen spinnt und ggf. auch Mobbing gegen einzelne Mitarbeiter betreibt. Gegen die Schlange sollten Sie mit aller Härte des Arbeitsrechts vorgehen. Natürlich auch **das schwarze Schaf,** dem Sie als Führungskraft im Zweiergespräch Wege aufzeigen sollten, wie man sich an die Normen der Gruppen hält und langsam wieder von ihr akzeptiert wird.
Auch andere Gestalten sind in deutschen Büros immer wieder anzutreffen: **der Smombie, die Diva, der Snacker, der Zuspätkommer** und viele andere mehr. Generell sollten Sie sich bei diesen Gestalten nicht nur fragen, wie Sie es ihnen am besten erklären, dass sie sich an Gruppenregeln halten sollten. Als gute Führungskraft werden Sie auch nach Ursachen suchen, warum sich eine Person auf eine bestimmte Weise verhält. Denn manchmal ist es möglich, durch psychologische Ursachenbekämpfung das unerfreuliche Verhalten dauerhaft von Meetings zu entfernen (mehr dazu im Kapitel «Der Psychologe»).

ÜBUNG #16: Die eigene Mitarbeiter-Analyse

Machen Sie eine Liste aller Mitarbeiter und ordnen Sie bewusst jedem Mitarbeiter eine der oben dargestellten Rollen zu. Machen Sie sich anschließend bewusst, wie Sie bei dem jeweiligen Mitarbeiter agieren und reagieren sollten, um sein Potenzial in der Gruppe am besten zu entfalten. Und natürlich: Setzen Sie die obigen Tipps beim nächsten Meeting direkt um!

3.4 Richtig delegieren

Der größte Vorteil für die Führungskraft, die Aufgaben richtig delegieren kann, ist offensichtlich: mehr Zeit für die wichtigen Aufgaben. Trotzdem fällt es vielen Führungskräften schwer loszulassen. Der Kontrollverlust und die damit verbundene Angst, dass etwas nicht richtig gemacht wird, führen dazu, dass man die Aufgabe lieber selber macht.
Von Theodore Roosevelt stammt dazu dieses berühmte Zitat:

> **«Wer seiner Führungsrolle gerecht werden will, muss genug Vernunft besitzen, um die Aufgaben den richtigen Leuten zu übertragen, und genügend Selbstdisziplin, um ihnen nicht ins Handwerk zu pfuschen.»**

Doch wie überträgt man Aufgaben richtig? Dazu nun die drei Stufen des Delegierens.

Die drei Stufen des Delegierens

Auf **Stufe 1** haben wir es mit einem Mitarbeiter zu tun, der einen geringen Reifegrad besitzt. Hier ist es im Interesse beider Parteien wichtig, dass die Führungskraft möglichst genaue Anweisungen gibt, am besten Schritt für Schritt. Für die Führungskraft steigt damit die Wahrscheinlichkeit, dass die Aufgabe sachgerecht umgesetzt wird. Für den Mitarbeiter ist es hilfreich, da er selber wenig Erfahrung besitzt und somit dankbar ist für eine ausführliche Einweisung in die Aufgabe. Denn er hat auch Angst, Dinge falsch zu machen. Am besten erstellt die Führungskraft einen genauen Leitfaden, der dem Mitarbeiter die Sicherheit gibt, das Richtige zu tun.

Auf **Stufe 2** haben wir es mit einem Mitarbeiter mit einem mittleren Reifegrad zu tun. Hier geht es darum, die Entscheidung als Führungskraft zwar selber zu treffen, jedoch die Vorarbeit (zum Beispiel Recherche, Hypothesen, Arbeitsentwürfe etc.) durch den Mitarbeiter erledigen zu lassen. Dies kann etwa so aussehen, dass der Mitarbeiter sich eigenständig in ein neues Thema einarbeitet und Ihnen anschließend über die wichtigsten Punkte berichtet. Sie entscheiden dann, welche der Optionen für Ihre Firma die beste ist. Wenn Sie Ihrem Mitarbeiter mehr zumuten, dann soll er selber die herausgefundenen Optionen gewichten und eine Empfehlung aussprechen, welche Option für die Firma am besten wäre. Hierbei sollte er natürlich die Alternativen ebenfalls ansprechen und Pro- und Kontra-Argumente für die wichtigsten Optionen sammeln, damit Sie einen vollen Überblick über die Lage bekommen.

Auf **Stufe 3** geht es darum, nicht nur die Umsetzung, sondern auch die Entscheidung zu übertragen. Diese dritte Form des Delegierens ist für Mitarbeiter mit einem hohen Reifegrad geeignet. Hier gibt es wiederum zwei Möglichkeiten für Sie: Entweder Sie wollen, dass der Mitarbeiter Ihnen seine Entscheidung mitteilt, oder aber Sie vertrauen ihm so weit, dass Sie (auch aus Effizienzgründen) kein Feedback über die Aufgabenerfüllung haben wollen. Gerade frischgebackene Führungskräfte sollten keine Angst haben, auch von Stufe 3 Gebrauch zu machen. Erst recht nicht, wenn Sie Ihre Mitarbeiter gut kennen und genau wissen, wer welche Stärken hat. So können Sie – gemäß dem situativen Führungsstil – jedem Mitarbeiter die jeweilige Aufgabe in der passenden Delegationsstufe geben.

Obwohl die Theorie so einfach und so vernünftig klingt, haben viele Führungskräfte dennoch Probleme, vom Delegieren konsequent und umfassend Gebrauch zu machen. Wieso eigentlich?

a) Die inneren Einwände gegen das Delegieren

Die Ursachen, warum Führungskräfte nicht genug delegieren und wertvolle Zeit vergeuden, liegen in bestimmten inneren Dogmen, die die Führungskraft daran hindern, Dinge nicht selber umzusetzen. Schauen wir uns die sechs häufigsten inneren Dogmen genauer an.

«Das Erklären dauert zu lange – ich mache das lieber selbst!» Zunächst einmal ist zu beachten, dass das Erklären lediglich bei Stufe 1 ausführlich und zeitintensiv ist. Zweitens könnten Sie das Erklären theoretisch an einen erfahrenen Mitarbeiter delegieren, damit er dem Neuling einen bestimmten Prozess eigenständig und Schritt für Schritt erläutert.
Doch selbst wenn es keinen passenden Kollegen gibt: Sie können es als wichtige, einmalige Investition sehen. Denn kurzfristig verlieren Sie zwar einige Stunden an Zeit, um die Arbeitsanweisungen Schritt für Schritt niederzuschreiben und mit dem unerfahrenen Kollegen durchzusprechen. Aber diese Zeit können Sie sich in Zukunft sparen, denn der Mitarbeiter kann diese Art von Aufgaben mithilfe des erstellten Leitfadens ohne Sie erledigen.

Das Tolle an einem Leitfaden für Standardaufgaben ist außerdem, dass dieser auch für andere Mitarbeiter brauchbar ist. Wenn der Neuling zum Beispiel nach der Probezeit geht und Sie jemand anderes einstellen, können Sie auf den Leitfaden zurückgreifen. Verschriftlichen Sie standardisierte Prozesse und Erklärungen also immer. So sparen Sie auf Dauer Zeit.

«Ich kann es einfach besser – der Mitarbeiter ist nicht so kompetent wie ich!» Mag sein, dass Sie die Aufgabe besser erledigen können als jeder Kollege in Ihrem Team. Die Frage ist aber: Muss diese bestimmte Aufgabe zu 100 Prozent perfekt ausgearbeitet werden? Selbst bei wichtigen Aufgaben reichen manchmal 80 Prozent Perfektion aus. Und sicherlich gibt es im Team jemanden, der diese 80 Prozent genauso gut wie Sie erreichen kann! Vielleicht reichen bei einer bestimmten Aufgabe sogar nur 50 Prozent – dann ist es noch eindeutiger, dass jemand anderes diese Aufgabe erfüllen sollte!

Nur bei absoluten A-Aufgaben, die sowohl wichtig und dringend sind als auch weitreichende finanzielle oder strukturelle Folgen haben und bei denen es tatsächlich auf diese 100 Prozent ankommt, die nur Sie erbringen können – nur da ist das Delegieren fehl am Platz.

«Ich mache es schneller als der Mitarbeiter!» Es mag sein, dass Sie eine Angelegenheit schneller erledigen können als Ihre Mitarbeiter. Vielleicht schaffen Sie etwas in einer Stunde, wofür ein Mitarbeiter möglicherweise vier Stunden braucht. Ist es dann effizienter, es selber zu tun?
Die Antwort ist: Nein. Ihre Zeit ist einfach wertvoller als die Ihrer Mitarbeiter. Man kann so viel über flache Hierarchien reden, wie man will, doch nicht alle Mitarbeiter tragen die gleiche Verantwortung und haben dieselbe Weitsichtigkeit. Sie sind ja nicht umsonst zur Führungskraft befördert worden. Ihre Aufgabe ist also nicht das Mikromanagement (sich überall einmischen), sondern strategische Entscheidungen zu treffen. Sobald Sie punktuelle Aufgaben haben, delegieren Sie sie, um Zeit für das große Ganze zu haben – und sei es nur, um eine Stunde Zeit zu gewinnen, damit Sie über die Prozess- und Strukturoptimierung nachdenken können. Nehmen Sie sich diese Zeit. Denn es ist das Makromanagement, was Ihre jetzige Kernaufgabe darstellt.

«Ich verliere die Kontrolle, wenn ich es nicht selber mache!» Die Kontrolle zu verlieren ist kein notwendiger Bestandteil des Delegierens. Wenn wir uns die drei Stufen anschauen, so ist es lediglich die Stufe 3, auf welcher Sie als Führungskraft die Umsetzungs- und Entscheidungsbefugnis abgeben. Denn auf Stufe 1 und 2 verbleibt die Entscheidungsbefugnis ja bei Ihnen.

Wenn Sie also das Gefühl haben, dass Sie bei einer bestimmten Aufgabe die Kontrolle aus irgendeinem Grund nicht abgeben wollen, dann behalten Sie doch einfach die letzte Entscheidungsbefugnis. Allerdings sollte es natürlich nicht so sein, dass Sie die Entscheidungsbefugnis nie abgeben.

Lassen Sie gerade bei Mitarbeitern mit einem hohen Reifegrad immer mehr Freiheiten zu. Das hat den Vorteil, dass die Mitarbeiter langsam an den immer höheren Aufgaben wachsen. Zum anderen erhöht das die Motivation, weil es den meisten Menschen mehr Spaß macht, eigenständig zu arbeiten und auch eigene Entscheidungen zu treffen (mehr zu Motivation im übernächsten Unterkapitel «*Mitarbeiter motivieren*»).

«Wenn ich delegiere, dann sieht es so aus, als könnte ich das selber nicht!» Erstens wird kein Mensch erwarten, dass Sie alles selber können. Es macht eine Führungskraft sogar sympathisch, eigene Schwächen zuzugeben und den Stärken von bestimmten Mitarbeitern zu vertrauen. Und zweitens ist Ihr Team dazu da, Sie bei Aufgaben zu unterstützen und die Dinge zu übernehmen, die das Team selber schaffen kann.

Wenn Sie schlau sind, dann geben Sie die eigene Schwäche nicht nur zu, sondern lassen sich vom Mitarbeiter (falls dieses Wissen für Sie relevant ist) ausführlich erklären, wie er eine ganz bestimmte Aufgabe löst. Ich weiß aus meiner Erfahrung als Business-Coach, dass die meisten Führungskräfte dies äußerst ungern tun und als Zeichen der Schwäche sehen. Doch auch hier hilft der Gedanke: Ein Mitarbeiter kann etwas besser als Sie – und Sie gewinnen Zeit für noch wichtigere Aufgaben. Der eigene Stolz sollte Ihnen nicht im Weg stehen.

«Ich möchte meinen Kollegen nicht aufdrücken, was ich auch selber machen kann!» Gerade frischgebackene Führungskräfte wollen, um beliebt zu sein und von allen gemocht zu werden, auch Aufgaben übernehmen, die genauso gut ein Mitarbeiter machen könnte.

Das ist aber fatal, weil Sie damit nicht das Makromanagement im Fokus halten, sondern sich eher im «Klein-Klein» des Alltagsgeschäfts verlieren. Sie bleiben in diesem Fall ein Mitarbeiter, eine Art beförderter Mitarbeiter ohne Leadership. Auf Dauer wird es aber Ihrem eigenen Vorgesetzten auffallen, dass Sie wenige strategische Entscheidungen treffen – und es könnte mit der Zeit eng für Sie werden in der Rolle als Führungskraft.

Nehmen Sie die Rolle des Leaders also mit bestem Gewissen an. Jetzt gehört es zu Ihrem Job, Aufgaben zu verteilen, und nicht, von allen gemocht zu werden. Es ist jetzt Ihr Job, das große Ganze in die richtige Richtung zu steuern. Wenn Sie dabei transparent bleiben und Entscheidungen fair und verständlich delegieren, wird Ihnen das kein Mitarbeiter übel nehmen.

b) Die Grenzen des Delegierens

Am Ende stellt sich natürlich die Frage, welche Aufgaben nicht delegierbar sind. Und theoretisch muss diese Frage für jede Führungsebene und jedes Unternehmen anders beantwortet werden. Hier dennoch ein paar Ideen, welche Aufgaben Sie generell nicht übertragen sollten:

erstens Aufgaben, die mit einem großen Risiko bzw. einer großen Tragweite verbunden sind. Diese sollten von der Führungskraft mit allen ihren Konsequenzen selbst erledigt werden.

Zweitens sollten klassische Aufgaben der Führungskraft – wie beispielsweise das Führen von Mitarbeitergesprächen oder das Recruiting – grundsätzlich nicht delegiert werden.

Ansonsten sollte das Delegieren eine Maxime Ihres täglichen Handelns werden und Ihnen die Freiräume schaffen, die Sie für Ihre strategischen Entscheidungen brauchen.

Zum Schluss noch ein Blick auf die Literatur. Häufig liest man im Zusammenhang mit dem Thema Delegieren, dass die C-Aufgaben nach dem Eisenhower-Modell zu delegieren sind, also solche, die nicht wichtig, wohl aber dringend sind. Auf den ersten Blick sieht das auch ganz plausibel aus. Doch diese Handhabung der Eisenhower-Methode kann ich absolut nicht empfehlen. Warum?

Es geht hier wieder um die Frage der Produktivität. Produktiv sein bedeutet, fokussiert, effektiv und effizient auf das selbst gesteckte Ziel zuzuarbeiten. Wie wir aber gesehen haben, helfen uns nur wichtige Aufgaben dabei, unserem Ziel näher zu kommen. Dringende Tätigkeiten (also C-Aufgaben) haben definitionsgemäß nichts mit dem Ziel zu tun. Insoweit soll eine effektive Führungskraft auch die Mitarbeiter anhalten, produktiv zu sein und sich den dringenden Aufgaben möglichst mit wenig Zeit zu widmen, sondern sich stattdessen auf die wichtigen B-Aufgaben zu konzentrieren.

Bestes Beispiel sind dabei die E-Mails. In vielen Berufen herrscht absolute E-Mail-Flut. Nicht wenige Mitarbeiter erhalten bis zu 100 E-Mails am Tag oder mehr. Sie sind fast den ganzen Tag damit beschäftigt, diese E-Mails abzuarbeiten. Das Gemeine daran: Man bekommt von einigen Menschen auch unmittelbar eine Antwort, sodass der Berg an E-Mails nicht weniger wird, sondern immer neue E-Mails hereinflattern. Meistens sind diese auch so formuliert, dass man sie doch bitteschön schnell beantworten soll, und spielen uns eine Dringlichkeit vor, die in Wirklichkeit gar nicht besteht.

Nun gibt es natürlich Jobs, wie zum Beispiel im Support, in denen die Beantwortung von E-Mails zur Kernarbeit gehört. Doch die meisten Bürojobs haben einen anderen Schwerpunkt oder sollten ihn haben. Und so verkommen Mitarbeiter in vielen Büros zu «Mailbeantwortungsmaschinen» und kommen gar nicht dazu, ihre eigentliche Arbeit zu machen.

Dagegen helfen klare Regeln Ihrerseits: Machen Sie Ihren Mitarbeitern klar, welche Aufgaben wichtig sind und dass sie die größte Zeit ihres Tages darauf verwenden sollen. Delegieren Sie gern auch B-Aufgaben an die Mitarbeiter. Denn wenn Sie – wie die meiste Literatur vorschlägt – ganz alleine an B-Aufgaben arbeiten, kommen Sie nicht so weit, wie Sie mithilfe Ihres Teams kommen könnten. Unterscheiden Sie dabei einfach nach dem Reifegrad des Mitarbeiters und delegieren Sie entsprechend. Auch A-Aufgaben können Sie reinen Gewissens delegieren, wenn Sie gerade etwas noch Wichtigeres zu tun haben. Gewöhnen Sie sich an, ganz im Sinne der höheren Produktivität, Ihre Mitarbeiter schwerpunktmäßig nur die Dinge machen zu lassen, die zur Zielerreichung beitragen. Dazu gehört natürlich auch, wie im ersten Kapitel des Buches («Der Kommunikator») beschrieben, die Werte und Ziele genau zu definieren und sie dem Team klar zu kommunizieren. Denn schließlich ist es auch Aufgabe der Führungskraft, nur sinnvolle Tätigkeiten zu delegieren und den Mitarbeitern sofort Feedback zu geben, wenn sie unwichtige Tätigkeiten erledigen.

ÜBUNG #17: Ihre Delegations-Liste

Notieren Sie sich alle Aufgaben, die Sie momentan erledigen müssen. Ordnen Sie einzelne Aufgaben passenden Mitarbeitern zu – unter Beachtung ihrer jeweiligen Reifegrade. Überlegen Sie sich, wie Sie der Person ihre konkrete Aufgabe erläutern und welche Umsetzungs- und Entscheidungsbefugnis Sie ihr übertragen wollen. Im Idealfall bleiben nur wenige Aufgaben auf Ihrer Liste, die nicht delegierbar sind.

3.5 Erfolgreich Verhandlungen führen

Als Führungskraft müssen Sie nun eigenständig Verhandlungen führen: mit Kunden (Stichwort: Verkaufsverhandlungen) und mit Mitarbeitern (Stichwort: Gehaltsverhandlungen). Ein intuitives Verhandlungswissen haben viele Menschen. Doch hilft ein fundiertes theoretisches Wissen, jede noch so komplexe Verhandlungssituation besser zu meistern.

Im Folgenden bekommen Sie eine kurze Einführung in das weltweit anerkannteste Verhandlungs-Modell: das Harvard-Konzept. Das Harvard-Konzept geht zurück auf die amerikanischen Rechtswissenschaftler Roger Fisher und William Ury. Ziel ist die berühmte «Win-win-Lösung». Hier die vier grundlegenden Harvard-Prinzipien.

a) Harvard-Prinzip Nr. 1: Person und Sache voneinander trennen

Verhandlungen sollen immer sachbezogen und lösungsorientiert geführt werden. Besonders in Konfliktsituationen müssen persönliche Attacken und Unannehmlichkeiten durch unseren Verhandlungspartner komplett ausgeblendet werden. Daher lautet die Maxime, sich stets auf die Fakten zu konzentrieren und – auch wenn Sie angegriffen werden oder sich unhöflich behandelt fühlen – nie auf die persönliche Ebene abzudriften. Selbst wenn es nach anstrengenden Verhandlungen nicht zu einer Einigung kommen sollte, sollten Sie Ihren Gefühlen keinen Ausdruck verleihen. Es ist gut möglich, dass Sie später wieder auf dieselbe Partei treffen werden. Dabei wären persönliche Feindschaften nur hinderlich für zukünftige Geschäfte.

Die spannende Frage ist natürlich, wie Sie auch in Konfliktsituationen negative Gefühle nicht nach außen zeigen, auch wenn es innen brodelt. Die schnelle Antwort darauf ist: einfach eine Verhandlungspause einlegen, die Situation noch einmal Revue passieren lassen und analysieren, warum genau der andere so aufbrausend gewesen ist. Denn jeder weiß, dass negative Gefühle mit der Zeit einfach abklingen. Und je mehr Zeit verstreicht, desto weniger fühlen wir uns enttäuscht, genervt oder beängstigt.

Eine Ausrede für eine Verhandlungspause lässt sich natürlich immer finden: Eine Kaffeepause, ein dringendes Telefonat, eine Essenspause oder Ähnliches – Hauptsache man kommt raus aus der negativ aufgeladenen Situation.

Denn, und das ist der Hintergrund des ersten Prinzips, unsere negativen Emotionen vernebeln uns den klaren Blick auf die Fakten und lassen den Deal unwahrscheinlicher werden. Der Verhandlungsprofi wird daher die persönliche und sachliche Ebene nie vermischen.

b) Harvard-Prinzip Nr. 2: Die Interessen hinter den Positionen herausfinden

Zunächst müssen Sie den Unterschied zwischen «Position» und «Interesse» kennen. Position ist das, was eine Partei einfordert. Das Interesse im Sinne des Harvard-Konzepts bedeutet, warum eine Partei diese Position vertritt, also die Motivation und Logik hinter einer bestimmten Verhandlungsposition. Während klare Verhandlungspositionen Stärke signalisieren, sind sie auf der anderen Seite sehr unflexibel und verhindern Lösungen, die das beiderseitige Interesse berücksichtigen.

Daher ist es für beide Verhandlungsparteien sinnvoller, die dahinterstehenden Interessen offenzulegen, als auf bestimmten Positionen zu verharren. So wird die Suche nach Kompromissen leichter. Denn nur wer die Interessen des anderen kennt, kann auch Vorschläge machen, die den anderen ins Boot holen.

Nach dem Harvard-Konzept sollten Verhandlungspartner also explizit und ehrlich über ihre gegenseitigen Interessen sprechen und auf diese Weise die größtmögliche **zone of possible agreement** finden, also die größtmögliche Überschneidung ihrer Interessen. Erst auf diese Weise sind ideale Verhandlungsergebnisse und Win-win-Situationen möglich. Wer dagegen nur auf Positionen verharrt, hat eine sehr geringe Chance, die größtmögliche Interessenüberschneidung zu finden, weil er in diesem Fall gar nicht weiß, was die Interessen des anderen sind.

Wie Sie das (meist unausgesprochene) Interesse des Gegenübers herausfinden? Mit klugen Fragen! Fragen sind das wichtigste Instrument in einem Verhandlungsgespräch. Durch den richtigen Einsatz verschiedener Fragetechniken gelingt es erfahrenen Verhandlungsführern, den Kunden in das Gespräch mit einzubinden, wichtige Informationen zu bekommen und die manchmal bewusst versteckten Interessen ans Licht zu bringen. Die Wirkung der verschiedenen Frageformen unterscheidet sich wesentlich, weshalb es für die Verhandelnden essenziell ist zu wissen, welche Frage in welcher Situation zielführend sein kann. Hier also eine kleine Übersicht über die wesentlichen Frageformen in Verhandlungssituationen:

- **Offene Fragen** (Wer? Wie? Was? Wo? Warum?): ideal, um Motive, Sachverhalte und Hintergründe zu erfahren.
- **Geschlossene Fragen** (werden mit «Ja» oder «Nein» beantwortet): ideal, wenn Sie eine definitive Stellungnahme bekommen möchten. Besonders geeignet sind geschlossene Fragen, um eine Vereinbarung zu bestätigen beziehungsweise um die finale Zusage des Gesprächspartners zu erhalten.
- **Alternativfragen** (A oder B?): Bei Alternativfragen wird dem Verhandlungspartner die Wahl zwischen mehreren Optionen eingeräumt. Die Antwortmöglichkeiten können bewusst so eingegrenzt werden, dass die andere Partei in eine bestimmte Richtung gelenkt wird.
- **Gegenfragen:** («Und was sagen Sie dazu?»): Nützlich sind sie vor allem dann, wenn Sie nicht auf Anhieb eine Antwort auf eine wichtige Frage des Verhandlungspartners parat haben. In diesem Fall kann Ihnen eine Gegenfrage die nötige Bedenkzeit verschaffen und einen Rückschluss darüber geben, welche Antwort der Verhandlungspartner von Ihnen erwartet.
- **Lösungsorientierte Fragen** («Wie müsste der Deal aussehen, damit Sie ihm zustimmen können?»): Diese Frage ist meine absolute Lieblingsfrage in Verhandlungen. Denn sie fordert unseren Verhandlungspartner auf, uns mitzuteilen, welche Voraussetzungen er-

füllt sein müssen, damit er sein «Ja» gibt. Diese Frage beschleunigt die Einigung immens, da Sie selbst dadurch sofort wissen, worauf es dem anderen am meisten ankommt.

Die Autoren des Harvard-Konzeptes betonen immer wieder, dass sich bei Fragen die Spreu vom Weizen trennt. Während Verhandlungsanfänger keine bis kaum Fragen stellen, sind für Verhandlungsprofis acht bis zehn Fragen während einer Verhandlungssituation keine Seltenheit. Wer fragt, weiß mehr. Und Wissen ist ja bekanntlich Macht.

c) Harvard-Prinzip Nr. 3: Optionen finden, ohne zu werten

Bei besonders zähen Verhandlungen müssen unterschiedliche Lösungsoptionen gesucht und bewertet werden. Das Harvard-Konzept sieht eine strikte Trennung zwischen Ideenfindung und Ideenbewertung vor (ähnlich wie beim Brainstorming). So sollten zunächst möglichst viele Optionen bzw. Lösungsvorschläge gefunden werden, bevor Kritik an diesen geübt wird. Dadurch werden nicht vorschnell Alternativen ausgeschlossen, die unter Umständen eine passende Lösung für beide Parteien bieten würden.

Auch hier unterscheiden sich Anfänger von den Profis meist dadurch, dass sie nur eine einzige Lösungsoption mit an den Verhandlungstisch bringen. Und wenn diese vom Verhandlungspartner abgelehnt wird, dann ist die Verhandlung auch schon vorbei. Verhandlungsprofis dagegen entwickeln bereits im Vorfeld des Gesprächs vier bis fünf Alternativen, was natürlich eine Einigung wahrscheinlicher macht. Das erfordert eine gute Vorbereitung. Nicht wenige Verhandlungstheoretiker bezeichnen übrigens die Phase vor der Verhandlung (also die Vorbereitung) als die wichtigste. Nicht nur können Sie Lösungsoptionen bereits vorher erarbeiten, sondern Sie können sich auch in die Position des anderen hineinfühlen und sich im Vorfeld überlegen, was die Interessen und die Alternativen der anderen Partei sein könnten.

d) Harvard-Prinzip Nr. 4: Objektive Kriterien ermöglichen einen fairen Kompromiss

Wenn die Positionen beider Parteien verhärtet bleiben, können objektive Beurteilungskriterien zu einer Einigung verhelfen. Hier können einfache Wenn-dann-Szenarien oder objektive Maßstäbe wie Marktpreise oder technische Standards weiterhelfen. Wichtig bei objektiven Kriterien ist deren Beweisbarkeit: Wenn also auf einen «durchschnittlichen Marktpreis» verwiesen wird, sollte eine entsprechende Preisstatistik vorgelegt werden können. Das Schöne an objektiven Kriterien ist, dass man sie eben nicht anzweifeln kann und sie beiden Parteien damit eine Sicherheit und gemeinsame Basis geben.

Diese vier Harvard-Prinzipien sollten Sie einfach auswendig lernen und in jeder Verhandlungssituation anwenden. Zum Beispiel bei einer Gehaltsverhandlung. Denn wenn ein Mitarbeiter mit einem Wunsch nach Gehaltserhöhung zu Ihnen kommt, dann ist «mehr Geld» erst einmal nur seine Position. Sie sollten jetzt herausfinden, warum er mehr Geld haben möchte. Vielleicht geht es ihm um Anerkennung und nicht um einen finanziellen Vorteil. Und das könnte man gegebenenfalls auch durch ein größeres Büro oder eine wichtigere Jobbezeichnung oder durch die Übertragung von mehr Verantwortung erreichen.

Denken Sie beim Verhandeln immer an diesen Spruch: *«Im Leben bekommt man nicht das, was man verdient, sondern das, was man aushandelt.»* Und die oben vorgestellten vier Prinzipien helfen Ihnen dabei, mehr für sich auszuhandeln.

Und noch ein letzter Gedanke: Verhandlungen sind nicht nur die formalen Verhandlungssituationen. Verhandlungen finden dutzendmal am Tag statt, ohne dass wir es merken. Sie sollten es so sehen: Jeder «Vorschlag», den ein anderer Mensch Ihnen macht, und jeder «Vorschlag», den Sie machen, leitet eine (kleine) Verhandlung ein. Wenn z. B. ein Kollege vorschlägt, dass er heute zwei Stunden eher geht und dafür dann morgen zwei Stunden länger bleibt, ist das nichts anderes als eine Verhandlungssituation. Oder wenn eine Sekretärin vorschlägt, dass ab jetzt eine bestimmte Aufgabe direkt vom Mitarbeiter erledigt werden soll und nicht mehr durch sie, weil es «effizienter» sei, dann ist auch das der Beginn einer Verhandlung. Sie verhandeln also häufiger täglich. Umso vernünftiger ist es, die Verhandlungskunst als Führungskraft möglichst gut zu beherrschen.

ÜBUNG #17: Sich tägliches Verhandlungspotenzial bewusst machen

Notieren Sie sich eine Woche lang «Vorschläge», die Ihnen Ihre Mitarbeiter, Kunden und Ihr eigener Chef machen. Werden Sie sich dessen bewusst, dass Sie in dieser Situation hätten besser verhandeln können. Und überlegen Sie sich bitte zu jedem der erhaltenen Vorschläge, wie Sie idealerweise hätten verhandeln können.

3.6 Mitarbeiter motivieren

Wie können Sie Mitarbeiter am besten motivieren? Das ist die Gretchenfrage, an der sich die Motivationsforschung seit Jahrzehnten die Zähne ausbeißt. Das ist, wenn man so will, die Millionenfrage. Denn wenn wir die Antwort wüssten, würden wir mit motivierten Mitarbeitern Millionen verdienen. Und wir brauchen nicht lange darüber zu diskutieren, dass die meisten Menschen in Deutschland (und natürlich auch in der Welt) hauptsächlich deswegen zur Arbeit gehen, um Geld zu verdienen. Ohne große Motivation.

Es gibt Strömungen in der Forschung, die behaupten, Motivation von außen sei unmöglich. Doch so düster ist das Bild dann auch wieder nicht. Es gibt durchaus «Werkzeuge», mit denen wir die richtigen Anreize setzen können, um das Verhalten und die Einstellungen der Mitarbeiter günstig auf das Unternehmensziel hin zu formen. Grundsätzlich unterscheidet man zwischen transaktionaler und transformationaler Führung. Dazu – und zu konkreten Motivationswerkzeugen – jetzt mehr.

a) Transaktionale Führung

Bei dieser Führungsart steht die Transaktion, also der Austausch, im Vordergrund. Klassisches Beispiel ist eine Jahres-Zielvereinbarung, wobei man am Ende des Jahres schaut, ob der Mitarbeiter das Ziel erreicht oder sogar übertroffen hat, und jegliche Vorteile daran knüpft, wie beispielsweise einen Bonus, eine Beförderung, eine Gehaltserhöhung oder Ähnliches. Hat der Mitarbeiter das Ziel nicht erreicht – dann werden damit Nachteile verknüpft, wie z. B. Gehaltskürzung, ausbleibende Gehaltserhöhung, keine oder weniger geldwerte Vorteile durch die Firma und Ähnliches.

Der Fokus liegt hier also auf dem sachlichen Austausch: Der Mitarbeiter gibt etwas – und abhängig davon, was und wie viel es ist, gibt die Führungskraft das Entsprechende zurück. Im Alltagsgebrauch hat sich für diese Form der Führung auch der Begriff extrinsische Motivation eingebürgert. Die Motivation für den Mitarbeiter besteht also in einem von außen gesetzten Anreiz. Und natürlich funktioniert das mit den äußeren Anreizen, zumindest kurzfristig, sehr gut. Ein berühmtes Experiment dazu stammt vom heute wohl populärsten Motivationsforscher Dan Ariely: In einer Fabrik zur Herstellung von Computerchips wurden die Mitarbeiter am Anfang der Woche auf drei unterschiedliche Weisen motiviert:

- Der erste Teil der Belegschaft würde bei guter Arbeit einen Gehaltsbonus bekommen – und zwar rund 30 Dollar mehr am Tag.
- Dem zweiten Teil der Belegschaft wurde für gute Arbeit ein Lob in Aussicht gestellt, und zwar vom Chef persönlich.
- Der dritten Gruppe versprach man Pizza-Gutscheine.

Das Ergebnis?
Verglichen mit der Kontrollgruppe hat die Gehaltsbonus-Gruppe immerhin nach dem ersten Tag 4,9 Prozent mehr Computerchips produziert. Im Laufe der Woche sank allerdings die Produktivität der Boni-Gruppe um 6,5 Prozent und war somit unter der Leistung der Kontrollgruppe, welcher nichts versprochen wurde.

Die Lobgruppe kam mit 6,6 Prozent Produktivitätssteigerung auf den zweiten Platz. Auch blieb die Lobgruppe am Ende der Woche über dem Wert der Kontrollgruppe. Gewonnen hat tatsächlich die Pizza-Gruppe: Bei ihr gab es einen Produktivitätsanstieg von 6,7 Prozent – und auch am Ende der Woche war sie produktiver als die Kontrollgruppe.

Wie man an diesem Experiment gut sieht, funktioniert es mit extrinsischer Motivation durchaus. Nur sind die Ergebnisse natürlich nicht bombastisch und flauen in allen drei Varianten nach einiger Zeit wieder ab – hier bereits nach wenigen Tagen. Interessant ist bei dem Experiment zudem, dass das Geld am schlechtesten abgeschnitten hat. Lob ist also sowohl günstiger als auch effektiver.

Man beachte, dass alle drei Gruppen «transaktional» geführt wurden. Pizza gab es also nicht einfach nur so, sondern als Austausch für eine überdurchschnittliche Leistung.

Und hier wird auch das grundsätzliche Problem von transaktionaler Führung offenbar: Die Menschen werden nur kurz motiviert – leisten nur kurzfristig mehr, gewöhnen sich bald an den neuen «Standard» und fallen auf ihr ursprüngliches Leistungslevel zurück.

Das ist natürlich für jede Führungskraft ein nicht zufriedenstellendes Ergebnis. Gut, dass es da transformationale Führung gibt.

b) Transformationale Führung

Bei dieser Führungsart steht nicht die Transaktion im Vordergrund, sondern das Verändern von Einstellungen und Gefühlen. Einfach gesprochen soll sich der Mitarbeiter – unabhängig von erbrachter Leistung – wohlfühlen, die Gewissheit haben, eine sinnvolle Aufgabe zu erledigen, und an einer attraktiven Vision mitarbeiten, die im Idealfall nicht nur der Firma selbst, sondern der Gesellschaft etwas Gutes bringt.

Wenn der Mitarbeiter selber diese positiven Gefühle und Einstellungen hat und aus freien Stücken und aus Überzeugung auf diese Ziele hinarbeiten möchte, dann nennt man das intrinsische Motivation, d. h. eine Motivation von innen heraus. Aber wie schafft eine Führungskraft es, dem Mitarbeiter diese Einstellungen und Überzeugungen einzupflanzen?

Das Verhalten einer transformationalen Führungskraft kann (nach Bernard Bass) auf vierfache Weise geschehen, um die intrinsische Motivation zu steigern:

- **Idealized Influence:** Hier geht es darum, dass die Führungskraft als Vorbild für ihre Mitarbeiter agiert, und zwar sowohl fachlich als auch menschlich. Die Führungskraft selbst ist motiviert, positiv, nimmt sich Zeit für die Belange der Mitarbeiter und bringt durch gute Ideen das Unternehmen auch in der Sache weiter. Man könnte dieses Führungsverhalten nach Max Weber auch «charismatische Führung» nennen.

- **Inspirational Motivation:** Hier wird intrinsische Motivation dadurch hergestellt, dass die Führungskraft eine attraktive Vision malt, an deren Erreichung die Mitarbeiter gerne beteiligt sind. Die Tätigkeit vermittelt Sinn und ist damit ein eigenständiger Wert für den Mitarbeiter. Stellen wir uns zum Beispiel eine Rhetorik-Akademie vor. Sinn der Akademie könnte nun sein, die Menschen vom Lampenfieber und von ihrer Sprachlosigkeit zu befreien und zu selbstbewussten und eloquenten Menschen zu machen. So wird der etwas theoretische Job des Rhetoriktrainers verknüpft mit einer sinnvollen Tätigkeit, die den Menschen dient.

- **Intellectual Stimulation:** Menschen haben einen ganz natürlichen Hang, sich Herausforderungen zu stellen. Vor allem intellektuelle Herausforderungen spielen dabei eine große Rolle, da sich fast jeder «beweisen» will. Und fast alle Menschen fühlen sich gut, wenn sie eine gute Idee haben, die funktioniert. Die besondere Herausforderung für die Führungskraft ist es hierbei, eine passende intellektuelle Herausforderung zu geben. Denn noch aus Schulzeiten steckt in den meisten eine Grundenttäuschung über eine nicht gelöste Aufgabe, was natürlich stark demotiviert. Diese Ebene ist deswegen schwierig, da man den Reifegrad eines Mitarbeiters dafür genau kennen muss, um intellektuell richtig zu stimulieren.

- **Individualized Consideration:** Hier geht es, ähnlich wie bereits beim dritten Punkt, um eine individualisierte Herangehensweise an den Mitarbeiter. Die Führungskraft ist hier Psychologe und Coach, der die Bedürfnisse in Gesprächen herausfiltert, die Persönlichkeit des Mitarbeiters versteht und ihn so bei seinen Wünschen und Stärken unterstützt. Sensibilität und Empathie sind auf dieser Ebene Trumpf (mehr dazu sogleich im nächsten Abschnitt «Der Psychologe»).

Neben diesen vier Methoden geht es auch darum, täglich für Fairness in der zwischenmenschlichen Kommunikation zu sorgen, das unternehmerische Denken und Handeln der Mitarbeiter zu fördern und ihnen so mehr Raum für Selbstverwirklichung zu geben und die Voraussetzungen zu schaffen, sich am Arbeitsplatz wohlzufühlen. Und zwar ganz ohne transaktionales Denken für deren gute Leistung, sondern «einfach so».

Damit spüren die Mitarbeiter, dass sie die Wertschätzung der Führungskraft nicht erst verdienen müssen, sondern dass sie die Wertschätzung von vornherein haben. Diese Wertschätzung kann sich in unterschiedlichsten Facetten widerspiegeln, wie beispielsweise den folgenden:

- aufrichtiges Lob und Dankbarkeit, ohne diese an Leistungen zu knüpfen
- Überraschungen, wie Pizza, ohne diese an Leistungen zu knüpfen
- Coaching oder Mentoring durch die Führungskraft selbst
- gemeinsame Zieldefinitionen, bei denen der Mitarbeiter gleichberechtigte Mitsprache hat
- positive Sprache und ermutigende Worte, wenn beim Mitarbeiter mal nicht alles rund läuft
- eine positive Fehlerkultur
- eine ausgeprägte Feedbackkultur
- kostenlose und gesunde Snacks und Drinks am Arbeitsplatz
- humorvoller Umgang
- kostenlose Weiterbildung für Mitarbeiter

- moderne Arbeitsumgebung, insbesondere neueste Arbeitsgeräte und moderne Ausstattung
- viele Freiheiten (eigene Zeitregelung, Umsetzungs- und Entscheidungskompetenzen)

Diese Liste ist natürlich bei Weitem nicht erschöpfend, sondern soll nur die allgemeine Idee vermitteln, dass alle Maßnahmen förderlich sind, die das allgemeine Arbeitsklima fördern, den Spaß an der Arbeit vergrößern und dazu führen, dass Mitarbeiter gerne morgens aufstehen, um ins Büro zu fahren. Und gerade der weltweit verhasste Montag zeigt, dass die meisten Unternehmen noch weit weg von einer Umsetzung dieser Ideen sind.

Natürlich haben nicht alle Unternehmen so viel Geld wie Google oder Apple und können den Arbeitsplatz wie einen Freizeitpark aussehen lassen. Doch darum geht es nicht. Wenn die Firma keinen Millionenumsatz macht, dann erwartet auch kein Mitarbeiter vier Wochen geschenkten Urlaub und ein eigenes Büro mit Blick auf das Brandenburger Tor. Doch jeder Mitarbeiter spürt, ob sich die Führungskraft im Rahmen ihrer Möglichkeiten bemüht. Und darauf kommt es am meisten an.

Die Wirkung einer erfolgreichen transformationalen Führung kann kaum hoch genug eingeschätzt werden. In einem positiven Arbeits- und Kommunikationsumfeld steigt nicht nur die Leistung des Mitarbeiters, sondern auch seine Identifikation mit dem Unternehmen, seine Zufriedenheit, es verbessert sich außerdem die Kundenzufriedenheit und das tägliche innere Commitment für die Firma. Alles in allem viele gute Gründe, um es mit transformationaler Führung zu probieren.

ÜBUNG #18: Und jetzt Sie!

Überlegen Sie sich, welche der oben genannten Punkte der transaktionalen Führung Sie im Rahmen Ihrer finanziellen Möglichkeiten umsetzen können. Stellen Sie diesbezüglich einen Plan auf und ziehen Sie ihn durch.

Zum Schluss noch ein wichtiger Gedanke: Sie könnten sich nun fragen, ob sich transaktionale und transformationale Führung ausschließen. Denn die erste beruht auf dem Tausch-Prinzip, die zweite auf einer positiven Ideologie. Und die Antwort fällt hier sehr pragmatisch aus: Wenn Sie bei einem Mitarbeiter mit einem der beiden Führungsstile nicht weiterkommen, dann probieren Sie eben einen anderen Führungsstil aus. Um zu wissen, welcher Stil und welche Führungsmethoden zu welchem Mitarbeiter passen, müssen Sie als Führungskraft auch ein guter Menschenkenner sein. Und genau darum geht es jetzt im folgenden Kapitel.

4 DER PSYCHOLOGE

Persönlichkeitstypen & Teambuilding

Schnellübersicht zum Kapitel:

1. Persönlichkeitstypen nach dem 4-Farben-Modell
2. Das Mitarbeitergespräch als Schlüssel zum Mitarbeiter
3. Wirksame Teambuilding-Maßnahmen

Die Überschrift «Der Psychologe» könnte auf den ersten Blick für den einen oder anderen Leser etwas befremdlich sein. Den Charakter richtig einzuschätzen, Vertrauen aufzubauen, die Stärken zu erkennen und das Selbstvertrauen zu stärken, das sind typische Aufgaben eines Psychologen und eines Coaches. Doch natürlich hilft es auch Ihnen als Führungskraft, wenn Sie den Charakter des Mitarbeiters richtig einschätzen können und seine Sprache sprechen. Ein Coach zu sein bedeutet, zunächst einmal Persönlichkeitstypen zu kennen und zu wissen, wie man welches Mitarbeitergespräch zu führen hat, um das bestmögliche Ergebnis zu erreichen.

4.1 Persönlichkeitstypen nach dem 4-Farben-Modell

Es gibt viele Persönlichkeitsmodelle, mit denen man versucht, Menschen in Kategorien einzuteilen und ihre Persönlichkeit vereinfacht zu beschreiben. In Deutschland besonders beliebt sind das DISG-Modell, der Myers-Briggs-Typenindikator, das Enneagramm, der Golden Profiler of Personality, das Bochumer Inventar zur berufsbezogenen Persönlichkeitsbeschreibung, der Gießen-Test und viele weitere. Die Wissenschaft hält von allen vorher genannten nicht viel – und die herrschende Meinung heute ist das OCEAN-Modell, das Menschen in fünf Kategorien bewertet (Openness, Conscientiousness, Extraversion, Agreeableness, Neuroticism).

Alle Persönlichkeitsmodelle gehen von anderen Voraussetzungen aus und legen auf verschiedene Faktoren ein unterschiedlich großes Gewicht. Sie können zu den oben genannten einfach mal als kleines Experiment einen beliebigen Online-Test (einfach googeln) machen, um einen ersten Eindruck zu bekommen. Doch dieses Buch soll bewusst keine Abhandlung sein, sondern praktische Tools bieten, die Sie sogleich anwenden können.

Daher möchte ich Ihnen im Folgenden ein einfaches Modell vorstellen, welches Sie sofort auf Ihre Mitarbeiter anwenden können, um erfolgreiche Gespräche mit dem jeweiligen Persönlichkeitstyp durchzuführen: das **4-Farben-Modell**, welches stark an das DISG-Modell angelehnt ist.

Danach unterscheidet man zwischen roten, blauen, gelben und grünen Typen.

Bevor es losgeht, noch eine kurze Frage vorweg: Warum ist es eigentlich so wichtig, eine typengerechte Kommunikation zu beherrschen? Ganz einfach: Stellen wir uns vor, der Chef lobt einen Mitarbeiter, der eigentlich keines Lobes bedarf und nur mehr Cash sehen möchte. Da hätte sich der Chef auch das Lob sparen können. Oder umgekehrt: Stellen Sie sich vor, ein Mitarbeiter wünscht sich nichts sehnlicher als ein Lob von seinem Vorgesetzten. Und was bekommt er? Eine schriftliche Mitteilung über eine Gehaltserhöhung. Die macht den Mitarbeiter aber gerade nicht glücklich. Wie man an diesen beiden kleinen Beispielen sieht, kann dasselbe Verhalten eine völlig unterschiedliche Wirkung entfalten. Und da wäre es doch gut, dem Mitarbeiter immer das Passende zu geben.

a) Der «rote» Typ

Der rote Menschentyp ist dominant, entscheidungsfreudig und ungeduldig. Er unterbricht häufig seine Gesprächspartner, ist immer in Eile und will schnell Ergebnisse sehen. Er ist voller Energie und Tatendrang und scheut nicht vor Konflikten. Er kommuniziert selbstbewusst seine Wünsche und Ziele und liebt Herausforderungen. Wenn er Letzteres nicht bekommt, wird er schnell gelangweilt. Er mag es, wenn Sie nicht um den heißen Brei herumreden, sondern schnell zur Sache kommen und effizient sind.

Bei diesem Menschentypus brauchen Sie nicht lange zu begründen und zu überzeugen, sondern sollten prägnant formulieren, was getan werden muss und wann. Je deutlicher, desto besser. Freundlichkeiten sind für den roten Typus in der Regel Zeitverschwendung und er erwartet auch von Ihnen als Führungskraft, dass Sie – wie er – entschlossen, souverän und geradlinig auftreten.

b) Der «blaue» Typ

Der blaue Menschentyp liebt es, zu reflektieren und alle Zahlen, Daten und Fakten zu analysieren, bevor er nach einem intensiven Denkprozess eine Entscheidung trifft. Er ist in der Sache grundsätzlich immer gut vorbereitet und pünktlich. Da er gerne nachdenkt, wirkt er oft etwas distanziert und introvertiert auf andere.

Ihn überzeugen Sie am besten durch gute, sachliche Argumente, logischen Gedankengang und relevante Beispiele. Er erkennt schnell gedankliche Fehler und hört immer sehr prüfend und aufmerksam zu. Sein bester Freund ist die Präzision. Wenn Sie einen solchen Typ vor sich haben, bereiten Sie die Fakten gut vor und bleiben Sie sachlich. Mit Emotion kann dieser Typ nicht viel anfangen. Punkten Sie also mit Sachlichkeit, Ruhe und Rationalität.

c) Der «gelbe» Typ

Der gelbe Menschentyp ist sehr kontaktfreudig und interessiert sich für Menschen. Er hört sich gerne Geschichten an, erzählt auch gerne selber Anekdoten und bringt andere gern zum Lachen. Er ist super vernetzt und grundsätzlich gut drauf. Er ist kreativ, kommunikativ und extrovertiert.

Der gelbe Typ redet auch gern über Privates und sucht und braucht Anerkennung von seinen Kollegen und von Ihnen als Führungskraft. Durch seinen großen Bekanntenkreis und den Wunsch, allen zu gefallen, ist er nicht der Umsetzungsstärkste und lässt sich durch Gespräche leicht beeinflussen. Dagegen ist er aber auch optimistisch und sorgt für eine gute Stimmung im Team. Nehmen Sie sich bei dem gelben Typ Zeit, um die Beziehung auszubauen, und seien Sie wie er: positiv, offen und gesprächig.

d) Der «grüne» Typ

Der grüne Menschentyp liebt die Harmonie. Er ist sehr empathisch, ein Gefühlsmensch und geht Konflikten gerne aus dem Weg. Er ist verlässlich und wird für seine Loyalität geschätzt – weil er jedoch Konflikten aus dem Weg geht, ist er oft durchsetzungsschwach. Zu schnell ist er durch sein Harmoniestreben mit einem Kompromiss zufrieden.

Als ehrlicher und vertrauenswürdiger Typ erwartet er auch von Ihnen, dass Sie ihm vertrauen und auf seine Empfindungen Wert legen. Er ist auch ein guter Teamplayer, daher ist ihm wichtig, dass die Entscheidungen, die Sie kommunizieren, auch gut zum gesamten Team passen und fair sind. Vor allem seien Sie beim grünen Typ verständnisvoll und erzeugen Sie keine Konflikte.

e) Anwendung des 4-Farben-Modells im Alltag

Natürlich sind diese vier Menschentypen Idealtypen – und in der Realität kommen alle vier Elemente in Menschen mehr oder weniger zutage. Doch meist dominiert eine Farbe. Und welche das ist, das finden Sie natürlich in einem ausführlichen Mitarbeitergespräch heraus (dazu im nächsten Abschnitt mehr).

ÜBUNG #19: Ihre Mitarbeiter unter der Lupe

Überlegen Sie sich, welcher Typ Ihr jeweiliger Mitarbeiter ist, und achten Sie in den Gesprächen mit diesem darauf, dass Sie ab jetzt typengerechter kommunizieren. Machen Sie sich am besten gleich eine kleine Liste dazu, um den Überblick zu behalten.

Natürlich ist die 4-Farben-Lehre eine starke Vereinfachung der menschlichen Psyche. Doch macht diese Einteilung auf etwas ganz Wichtiges aufmerksam: nämlich, dass Sie für jeden Menschentypus eine andere Führungskraft sein, sich ans Gegenüber anpassen und sich vor jedem Mitarbeitergespräch genau fragen sollten: **Was braucht mein Mitarbei-**

ter am meisten? Wenn Sie diese Erkenntnis in Ihren Alltag mitnehmen, ist das ein großer Gewinn. Denn die meisten Führungskräfte haben ihren «Stil» und sind zu allen Mitarbeitern gleich. Das ist zwar «konsequent», aber weniger Erfolg versprechend, da Sie beispielsweise mit Zahlen, Daten, Fakten beim «gelben» Typ nicht weit kommen – und umgekehrt mit Small Talk den «blauen» Typ nerven.

An dieser Stelle werde ich in Coachings von Führungskräften häufig gefragt: *«Aber ist es noch authentisch, wenn ich mich komplett an die Persönlichkeit des anderen anpasse?»* Und das ist auch eine sehr gute Frage!

Bei der «Anpassung» an den Gesprächspartner geht es nicht um absolute Anpassung. Sie müssen sich also nicht gegen Ihren Charakter verbiegen. Natürlich haben Sie ein Kern-Verhalten, in dem Sie sich zu 100 Prozent in der Komfortzone befinden. Und es gibt die äußere Sphäre, bei der Sie sich komplett unwohl fühlen (siehe Abbildung). Doch dazwischen gibt es einen Bereich, in dem Sie sich dem Mitarbeiter etwas anpassen können, ohne sich unauthentisch zu fühlen. Und genau um diesen Bereich geht es. Bauen Sie hier eine Flexibilität aus, soweit es für Sie vertretbar erscheint.

Ich gebe Ihnen dazu ein kleines persönliches Beispiel: Ich mag keinen Small Talk. Und dennoch habe ich häufig «gelbe» Klienten, die am Anfang des Coachings gerne Small Talk führen und sich dadurch wohler fühlen. Was mache ich? Ich breche natürlich den Small Talk eines «gelben» Klienten nicht ab und sage: «Legen wir doch bitte gleich mit den Inhalten los!», sondern mache beim Small Talk etwas mit – auch wenn es mir nicht super gefällt. Langsam leite ich dann über zu den Übungen und das eigentliche Coaching kann beginnen. Es ist also eine leichte Anpassung, die die Beziehungsebene stärkt – und genau dafür bin ich als Coach, und auch Sie als Führungskraft, verantwortlich. Hier befinden wir uns in dem mittleren Kreis der obigen Abbildung.

Wo spielt diese Art von empathischer Kommunikation eine ganz entscheidende Rolle? Natürlich beim Mitarbeitergespräch. Und genau darum geht es jetzt.

4.2 Das Mitarbeitergespräch

Das Mitarbeitergespräch ist eine der Kernaufgaben der Führungskraft. Ein gut geführtes Mitarbeitergespräch stärkt erstens die **Beziehung** zwischen Ihnen und Ihrem Mitarbeiter. Zweitens können Sie und der Mitarbeiter in diesem Gespräch die **Vergangenheit analysieren**. Drittens können Sie sich gegenseitig **Feedback** geben über das, was gut und was schieflief. Viertens geht es beim Mitarbeitergespräch auch darum, **Ziele für die Zukunft** zu definieren und natürlich fünftens auch den Weg und die **Meilensteine** dorthin. Viele Anforderungen also an ein einziges Gespräch.

Diese Aufzählung ist noch nicht einmal abschließend – doch schon an diesen fünf Punkten sehen Sie, dass es zu viel für ein einziges Gespräch ist. Wenn Sie die fünf Punkte ernst nehmen, ist es auch zu viel für zwei Gespräche. Es gibt leider eine Angewohnheit der Führungskräfte in Deutschland, das Mitarbeitergespräch nur ein- bis zweimal im Jahr abzuhalten. Kein Wunder, warum sowohl Mitarbeiter als auch Führungskräfte mit den Ergebnissen unzufrieden sind. Wenn man alles anspricht, dann wird es oberflächlich. Und wenn man zwei oder drei Punkte herausgreift, dann hat man einige wichtige Themen weggelassen.

Daher ist meine klare Empfehlung, das ausführliche Mitarbeitergespräch mindestens einmal im Monat durchzuführen. Das hat den einfachen Vorteil, dass Sie über den Mitarbeiter immer up to date bleiben und bei Fehlentwicklungen sofort eingreifen können. So vergehen nicht Monate, ehe Sie gemeinsam beim Jahresgespräch im Dezember feststellen, dass es ab September nicht mehr gut lief. Neben der Frequenz geht es natürlich auch um eine gut vorbereitete Guideline für das Gespräch und eine angenehme Atmosphäre.

a) Das Setting für das Mitarbeitergespräch

Natürlich sollten Sie sich ausreichend Zeit für das Gespräch nehmen (mindestens eine Stunde) und auch dem Mitarbeiter den geplanten Zeitrahmen kommunizieren. Es hat Sinn, wie auch bei jedem Meeting, eine kleine Agenda vorzubereiten, worum es im Mitarbeitergespräch gehen wird. Selbstverständlich sollte der Mitarbeiter die Möglichkeit bekommen, eigene Themenpunkte zu integrieren, sodass Sie beide noch vor dem Gespräch genau wissen, worum es geht und sich darauf auch gut vorbereiten können. Als Daumenregel gilt dabei, dass Sie sich genauso lange für das Gespräch vorbereiten sollten, wie es anschließend dauern wird.

Und nun kommt die häufige Frage: «*Was? Ich soll ganze zwei Stunden für ein Mitarbeitergespräch investieren? Und das pro Monat?*»

Viele Führungskräfte wollen sich so viel Zeit für einen Mitarbeiter nicht nehmen. Zu Unrecht. Denn das Mitarbeitergespräch ist eines der effektivsten Führungstools, mit dem Sie das Verhalten und die Einstellungen des Mitarbeiters zum Positiven beeinflussen können. Es ist nicht zu verkennen, dass Ihre Arbeit die Führung von Menschen ist – und nicht primär das Erledigen von Aufgaben.

Neben der Agenda sollten Sie natürlich auch für eine angenehme Atmosphäre sorgen. Das meint nicht nur Snacks und Getränke, sondern vor allem einen kleinen Small Talk am Anfang und Ende, falls es ein «gelber» oder «grüner» Typ ist, oder sofort zu den relevanten Punkten kommen, wenn es ein «roter» oder «blauer» Typ ist. Und selbstverständlich sich das ganze Gespräch darüber im Klaren sein, was der jeweilige Charaktertyp braucht und wie er geführt und gefördert werden will. Es bedarf natürlich nicht der Erwähnung, dass Telefonate und andere Unterbrechungen in der Gesprächsphase tabu sind, damit der Mitarbeiter nicht das Gefühl bekommt, er sei im Mitarbeitergespräch nicht Ihre erste Priorität.

Und nun zu den einzelnen Themen des Mitarbeitergesprächs.

b) Richtig kritisieren

In meinem Job als Business-Coach gebe ich täglich Feedback. Das ist mein wichtigstes Tool. Und das ist auch der Hauptgrund, warum Klienten zu mir kommen: um exzellentes Feedback zu bekommen. Doch exzellentes Feedback zu geben, ist eine Kunst für sich. Und obwohl wir alle wissen, dass die Kritik «konstruktiv» sein sollte, fällt es den meisten Menschen schwer, sie so zu formulieren, dass der andere das Feedback annehmen kann. Nun folgen ganz wichtige Tipps, damit Ihnen das Feedback gut gelingt.

Die erste Regel des Feedbacks lautet: Richten Sie die Strenge des Feedbacks am Reifegrad des Mitarbeiters aus. Was genau heißt das? Es beschreibt die Tatsache, dass «Anfänger» ziemlich unsicher sind und sie ein überkritisches und zu 100 Prozent ehrliches Feedback zu sehr verunsichert. Am Ende performen sie gar noch schlechter, weil sie noch mehr Angst vor Fehlern haben werden. Bei Anfängern sollte das Feedback daher zwar klar die Fehler und Verbesserungsmöglichkeiten benennen, jedoch in einer sehr sanften Sprache, voller Verständnis für ihre Unerfahrenheit und mit einer guten Prise Lob vermischt, damit der unerfahrene Mitarbeiter das Selbstbewusstsein vorsichtig ausbauen und sich in Zukunft mehr zutrauen kann.

Umgekehrt erfreuen sich Mitarbeiter mit einem hohen Reifegrad und einer hohen Erfahrung an einem negativen Feedback. Denn sie wissen, dass sie gut sind und brauchen keine Beweihräucherung. Natürlich sollte unser negatives Feedback sachlich und respektvoll vorgetragen werden, sodass die Mitarbeiter es leichter annehmen können. Profis wollen sich immer verbessern und sind Ihnen dankbar für jeden noch so kleinen Tipp, der sie auf eine noch höhere Stufe hebt. Hin und wieder kommen Profi-Politiker zu mir oder rhetorisch gut geschulte Vorstände und buchen mehrere Sitzungen oder blocken sich den ganzen Tag, um an den Feinheiten zu arbeiten. Diesen sehr guten Kandidaten sollte man mitteilen, dass sie bereits jetzt weit überdurchschnittlich sind und nur noch diese und jene Feinheit verbessern können.

Die meisten Mitarbeiter sind weder absolute Anfänger noch absolute Profis, sondern befinden sich irgendwo in der Mitte. Aus dem oben Gesagten ergibt sich natürlich, dass sich bei durchschnittlichen Mitarbeitern Lob und Kritik etwa die Waage halten sollten. Und am besten geben Sie das Feedback nicht intuitiv oder spontan, sondern notieren sich in Ihrer Vorbereitung auf das Gespräch fünf Punkte, die gut liefen, und fünf Punkte, die besser laufen sollten.

Gerade bei den kritischen Punkten wird der Mitarbeiter häufig versuchen, sich sofort zu rechtfertigen. Das liegt ganz in der Natur des Menschen, dass er sich bei einem Angriff verteidigen möchte. Nicht umsonst schrieb Mark Twain ganz ironisch:

«Ich habe kein Problem mit Kritik, aber sie muss mir gefallen.»

Sie können das kritische Feedback jedoch annehmbarer machen, wenn Sie auf diese Kriterien achten:

Analytisch: Wenn Sie etwas auszusetzen haben, dann nutzen Sie Begründungen und Beispiele, um Ihre negative Kritik zu substanziieren. Dazu eignet sich das sogenannte «Verhaltensdreieck» ausgezeichnet: Beschreiben Sie als Erstes die Situation, über die Sie sprechen wollen, anschließend die Aktion des Mitarbeiters und als Drittes das Ergebnis. So stellen Sie sicher, dass es für den Mitarbeiter logisch und nachvollziehbar ist, was Sie an seiner Tätigkeit auszusetzen haben.

Präzise: Selbstverständlich sollten Sie so präzise wie möglich die Situation, die Aktion und das Ergebnis beschreiben und auch ganz genau definieren, was Sie auszusetzen haben.

Lösungsorientiert: Schließlich sollten Sie mindestens eine Lösung oder Alternative für den Mitarbeiter parat haben, wie er in Zukunft eine ähnliche Situation angehen soll. Menschen lieben Lösungen.

Zeitnah: Selbstverständlich sollte das Feedback möglichst zeitnah erfolgen, solange der Mitarbeiter den Prozess und sein Verhalten noch zu 100 Prozent im Kopf hat. Sollte etwas Größeres schiefgelaufen sein, dann warten Sie nicht bis zum Ende des Monats, sondern sprechen Sie sogleich mit ihm.

Mit Respekt: Auch die Formulierung selbst kann problematisch sein. Sie sollten beispielsweise stark emotional geladene Begriffe vermeiden, wie «bescheuert» oder «unerträglich» oder Ähnliches. Denn diese Begriffe greifen den Mitarbeiter persönlich an, verurteilen und verletzen – und das darf natürlich nicht sein.

Feedback zu geben, ist enorm wichtig. Doch nicht weniger wichtig ist es, auch Feedback zu erhalten, also den Mitarbeiter ganz aktiv danach zu fragen, was Sie als Führungskraft noch besser machen können. Wenn der Mitarbeiter dazu schweigt, ermutigen Sie ihn, zumindest eine Sache zu nennen. Denn seien wir mal ehrlich: Jeder Mitarbeiter hat etwas am Chef auszusetzen. Und wenn er nichts sagt, liegt das bloß an seiner Angst vor Ihnen. Nehmen Sie ihm diese Angst, indem Sie ihn darauf verweisen, dass auch Sie unmöglich alles richtig machen können und sein Feedback brauchen, um eine bessere Führungskraft zu sein.

Wenn der Mitarbeiter dann mutig ist und einige Dinge nennt, dann ist eine der wichtigsten Feedback-Regeln, sich nicht zu rechtfertigen und schon gar nicht den Feedbackgeber zu unterbrechen. Zwischenfragen sind natürlich erlaubt, sollten aber nicht apologetisch, sondern rein informativ sein.

Nach dem kritischen Feedback bedanken Sie sich beim Mitarbeiter. Auch wenn Sie der Kritik nicht zustimmen (können) und gute Argumente haben, widerlegen Sie den Mitarbeiter nicht. Denn das hätte beim nächsten Mal zur Folge, dass der Mitarbeiter nichts Negatives mehr sagen wird – schlicht aus dem Gefühl heraus, dass Sie ohnehin keine Kritik annehmen können.

c) Richtig loben

Deutschland ist eine Lob-Wüste. Zwei Drittel der Mitarbeiter in Deutschland erhalten nur einmal oder weniger im Monat Lob vom Vorgesetzten. Ungefähr 70 Tage liegen zwischen zwei positiven Rückmeldungen. Ein katastrophaler Wert! Interessanterweise meinen die meisten Führungskräfte, dass sie genug loben, obwohl die absolute Mehrheit der Arbeitnehmer sich häufigeres Lob wünscht. Was läuft hier falsch?
Jemanden zu loben und dessen Leistung anzuerkennen, das ist eigentlich nicht schwer. Und es kostet nichts. Trotzdem tun es die meisten Führungskräfte nicht. Auf der Suche nach einer Antwort kommt ein Gedanke von Benjamin Franklin zu Hilfe:

«Es ist ein Zeichen von Mittelmäßigkeit, nur mittelmäßig zu loben.»

Und es ist viel dran. Jemand, der selber mittelmäßig ist, hat in seinem Leben selber selten bis nie echtes Lob erhalten. Und da fällt es natürlich besonders schwer, viel Lob zu verteilen. Denn der Gedankengang ist: Ich wurde selber fast nie gelobt, wieso sollte ich daher andere loben?

Es erfordert innere Größe, Leistungen der anderen ehrlich anzuerkennen. Doch selbst wenn es Ihnen aus persönlichen Gründen schwerfällt, denken Sie an die motivierende Wirkung des Lobes. In vielen Studien konnte gezeigt werden, dass das Lob den Mitarbeiter motiviert und er mehr leisten möchte. Denken Sie da nur an die zuvor beschriebene «Pizza-Studie» von Dan Ariely. Interessanterweise ist vielen Menschen ein Lob vom Chef sogar mehr wert als das Lob des Lebenspartners.

Hinzu kommt, dass heutzutage viele Menschen nicht des Überlebens wegen arbeiten, sondern um sich selbst zu verwirklichen. Wenn man selten bis nie Lob für seine Arbeit bekommt, dann kratzt das auf Dauer auch am Selbstwertgefühl. Und das wiederum verringert die Motivation, sich für das Unternehmen ins Zeug zu legen.

Natürlich wirkt ein persönlich ausgesprochenes Lob am meisten. Doch auch eine handgeschriebene Notiz oder eine kurze E-Mail erfreuen den Mitarbeiter; ein kurzer Anruf sogar noch mehr als etwas Schriftliches. Klar sollten Sie es mit dem Lob auch nicht übertreiben. Das wirkt schnell aufgesetzt und der Mitarbeiter kauft es Ihnen nicht ab. Vor allem aber: Loben Sie häufiger als einmal im Monat!

d) Die Vergangenheit analysieren

Die obigen Tipps zum Lob und zur Kritik schwirren natürlich nicht einfach nur so im Raum herum, sondern finden Anwendung, wenn Sie im Mitarbeitergespräch die Vergangenheit Revue passieren lassen und aus Ihrer Sicht analysieren, was gut und was nicht gut gelaufen ist. Es geht bei der Vergangenheitsanalyse auf der ersten Ebene um die «harten» Fragen der Zielerreichung und auf der zweiten Ebene um die «weichen» Fragen bezüglich der Arbeitszufriedenheit.

Welche Fragen sind nun zielführend, um die Vergangenheit gut zu analysieren? Dazu jetzt 20 Frage-Ideen für Ihr nächstes Mitarbeitergespräch. Selbstverständlich können Sie die beiden nachfolgenden Frage-Listen durch eigene Fragen erweitern. Es geht bei diesen beiden Listen darum, sich bewusst zu machen, dass ein ausgewogenes Verhältnis zwischen Sachfragen und Befindlichkeitsfragen herrschen sollte und Sie nicht lediglich auf die Zahlen achten, die erreicht wurden.

Hier eine Auswahl an **zehn guten Sachfragen:**

- Welche Ziele aus dem letzten Mitarbeitergespräch wurden nicht erfüllt / erfüllt / übererfüllt?
- Wie bewerten Sie den vergangenen Zeitraum seit dem letzten Gespräch?
- Gibt es Probleme, die möglichst bald gelöst werden sollten? Was sind die Ursachen für diese Probleme?
- Wann gibt es Verzögerungen bei Arbeitsabläufen und wie könnten diese reduziert werden?
- Welche Projekte haben Sie besonders erfolgreich abgeschlossen?
- Bei welchen Aufgaben bräuchten Sie mehr Unterstützung und in welcher Form?
- Was denken Sie, sollten wir anders machen? Was kann ich und was kann die Firma besser machen? Haben Sie konkrete Vorschläge für mich?
- Woran könnten Sie nächstes Jahr intensiver arbeiten? Und welche Aufgaben verdienen aus Ihrer Sicht weniger Aufwand und Zeit?
- Stimmt aus Ihrer Sicht die interne und externe Kommunikation?
- Gibt es bestimmte Arbeitsmittel, die wir erwerben sollten, um Ihre Arbeit zu erleichtern?

Und hier eine Auswahl an **zehn guten Befindlichkeitsfragen:**

- Wo bestehen aktuell Sackgassen und an welchen Stellen wünschen Sie sich mehr Unterstützung?
- Was stört Sie aktuell an Ihrer Tätigkeit?
- Woran arbeiten Sie am liebsten?
- Fühlen Sie sich aktuell eher über- oder unterfordert?
- Wie funktioniert die Zusammenarbeit im Team? Gibt es Konfliktpotenziale?
- Wie zufrieden sind Sie aktuell in Ihrem Job?
- Was kann ich tun, um Ihre Zufriedenheit zu steigern?
- Woran möchten Sie in Zukunft mehr arbeiten?
- Welche Weiterbildungen würden Sie gerne absolvieren? Und wie könnten Sie das erworbene Wissen in Ihrer täglichen Arbeit einbinden?
- Gibt es noch Punkte, die ich nicht angesprochen habe, die Ihnen aber ganz persönlich am Herzen liegen?

Gerade die Befindlichkeitsfragen helfen Ihnen, die wahren Interessen des Mitarbeiters zu finden. Ähnlich wie beim Thema «Erfolgreich verhandeln» sind gute Fragen das wichtigste Tool, um herauszufinden, was der Mitarbeiter denkt, was ihn interessiert und was ihn bedrückt.

Natürlich sollten Sie nicht zu viele Fragen hintereinanderstellen, damit sich der Mitarbeiter nicht wie beim Verhör fühlt, sondern die eine oder andere Frage auch mal zwischendurch einstreuen. Wichtig ist ebenfalls, sich nicht mit einer kurzen Antwort zufriedenzugeben, sondern Follow-up- und Definitionsfragen hinterherzuschieben und nachzuhaken, was die Antwort wirklich bedeutet. Manchmal bringen erst diese Folgefragen die wahre Befindlichkeit ans Tageslicht. Und genau darauf wollen Sie hinaus.

e) Ziele und Meilensteine vereinbaren

Was die Zieldefinition anbetrifft, so eignet sich die im Kapitel «Der Manager» vorgestellte SMART-Formel ideal dazu: Die formulierten Ziele sollten spezifisch, messbar, attraktiv, realistisch und terminiert sein. Das Gleiche gilt natürlich auch für Meilensteine. Da es in der Regel nicht nur ein Ziel geben wird, geht es auch darum, eine Priorisierung der Ziele zu treffen und in etwa den Zeitaufwand zu definieren, den jedes Ziel erhalten soll.

Zu den Zielen gehören neben den Leistungszielen auch Verhaltensziele. Nicht nur, was der Mitarbeiter erreichen soll, sondern auch, mit welchem Verhalten bzw. welchen Methoden er an das Ziel kommt. Ganz im Sinne des situativen Führens ist es ratsam, Mitarbeitern mit einem relativ niedrigen Reifegrad möglichst viel vorzugeben, während die Mitarbeiter mit einem hohen Reifegrad möglichst eigenständig Vorschläge für Ziele und deren Umsetzung machen können, da sie in der Regel besser wissen, wo der Schuh drückt und was als Erstes anzupacken ist.

Noch ein kurzes Wort zu Zielvereinbarungen: Wenn Sie klare Zahlen definiert haben, so hat das auf den ersten Blick den tollen Vorteil an Klarheit und vermeintlicher Objektivität. Doch leider geben einige Führungskräfte aus falschem Ehrgeiz zu hohe Ziele vor. Und das führt natürlich zu Leistungsdruck und Stress beim Mitarbeiter. Gerade also die Frage, wie realistisch die Zielerreichung für den konkreten Mitarbeiter ist, spielt eine ganz besondere Rolle.

Selbstverständlich gibt es in Branchen mit schnell wechselnden Umständen auch den konstanten Bedarf, Ziele komplett über den Haufen zu werfen und neue Ziele zu definieren. Aber auch wenn Sie später merken, dass die im Mitarbeitergespräch gesetzten Ziele falsch gesetzt wurden, setzen Sie sich am besten sofort mit dem Mitarbeiter noch einmal zusammen.

Schließlich ist wichtig, nicht nur **quantitative Ziele** zu definieren, also solche, die sehr gut messbar sind. Klassische Beispiele für quantitative

Ziele sind Quartalsumsätze, Anzahl der abgeschlossenen Verträge oder die Zahl hergestellter Waren. Wichtig ist auch, **qualitative Ziele** – wie bessere Zusammenarbeit im Team oder höhere Kundenzufriedenheit – zu definieren. Auch wenn diese sich nicht objektiv messen lassen. Denn alleine schon bestimmte Themen in die Zielvereinbarung aufzunehmen, schärft das Bewusstsein des Mitarbeiters, sich auf diese Dinge zu konzentrieren und sich beispielsweise mehr Mühe zu geben, höhere Kundenzufriedenheit herzustellen und dafür sein Verhalten zu optimieren. Damit der Mitarbeiter sich optimal auf die gemeinsam definierten Ziele und Meilensteine konzentrieren kann, dürfen es nicht zu viele sein. Weniger ist hier mehr.

ÜBUNG #20: Überprüfen Sie die Ziele für Ihre Mitarbeiter

Haben Sie neben quantitativen Zielen auch qualitative definiert? Haben Sie die SMART-Formel angewendet? Haben Sie bei der Zieldefinition nach dem Reifegrad des jeweiligen Mitarbeiters unterschieden? Analysieren Sie die festgelegten Ziele Ihrer Mitarbeiter und korrigieren Sie sie in einem nächsten Mitarbeitergespräch gemeinsam mit Ihrem Mitarbeiter.

f) Häufige Beurteilungsfehler durch Führungskräfte

Des Pudels Kern ist bei Mitarbeitergesprächen die Bewertung der Leistung des Mitarbeiters. Und wie bei jeder menschlichen Bewertung spielen ganz bestimmte kognitive Verzerrungen eine Rolle, die Ihr Urteil trüben. Das ist sowohl ärgerlich für den Mitarbeiter, der sich (zu Recht!) unter Umständen ungerecht beurteilt fühlt. Und natürlich ist es auch für Sie nicht sachdienlich, ein verzerrtes Urteil über einen Arbeitnehmer zu fällen, da Sie daran interessiert sind, zu einem richtigen Urteil über ihn zu kommen. Hier sind die fünf häufigsten kognitiven Verzerrungen, auf die Sie beim Mitarbeitergespräch genau achten sollten:

Halo-Effekt: Der «Heiligenschein-Effekt» bezeichnet die psychologische Tatsache, dass Menschen von einer bekannten positiven Eigenschaft

(z. B. gutes Aussehen) auf weitere unbekannte Eigenschaften in der Weise schließen, dass auch die anderen Eigenschaften als positiv bewertet werden. Die positive Eigenschaft «überstrahlt» die ganze Persönlichkeit und schwirrt wie ein Heiligenschein über dem zu beurteilenden Menschen. Tipp: Lassen Sie sich nicht durch eine positive Eigenschaft blenden, sondern bewerten Sie die Stärken und Schwächen des Mitarbeiters unabhängig voneinander.

Horns-Effekt: Der «Teufelshörner-Effekt» beschreibt genau das gegenteilige Phänomen. Eine negative Eigenschaft überstrahlt alle anderen Eigenschaften eines Mitarbeiters, sodass er – egal wie gut er gearbeitet hat – immer in einem schlechten Licht dastehen wird. Auch hier gilt der oben genannte Tipp, einzelne Eigenschaften und Leistungen des Mitarbeiters getrennt voneinander zu beurteilen.

Primacy-Effekt: Der «Primär-Effekt» beschreibt die Tatsache, dass Menschen sich sehr stark durch den ersten Eindruck prägen lassen. Hat der Mitarbeiter also das erste Projekt des Jahres in den Sand gesetzt, weitere drei Projekte später aber zu einem guten Abschluss gebracht, dann bleibt uns das erste Projekt am meisten in Erinnerung und prägt unsere Wahrnehmung vom Menschen. Tipp: Lassen Sie sich nicht durch den ersten Eindruck blenden!

Recency-Effekt: Der «Rezenz-Effekt» beschreibt genau das gegenteilige Phänomen. Wir lassen uns insbesondere vom letzten Eindruck überproportional beeinflussen. Beispielsweise lief das letzte Projekt des Jahres schief und lässt die vorherige gute Arbeit des Mitarbeiters in Vergessenheit geraten. Tipp: Lassen Sie sich nicht durch den letzten Eindruck blenden!

Similarity-Attraction-Effekt: Dieser Effekt beschreibt die Tendenz, dass wir Menschen sympathischer finden, die uns selbst ähnlich sind, das heißt, wenn sie ähnlich reden, ähnliche Vorstellungen haben und ähnliche Arbeitsweisen haben wie wir. Diese Menschen bevorzugen wir ganz unbewusst. Aber natürlich führen viele Wege nach Rom. Und Ihre eigene Arbeitsweise ist nicht notwendigerweise die beste. Tipp: Akzeptieren Sie auch andere Arbeitsstile und achten Sie darauf, dass Mitarbeiter, die völlig anders ticken als Sie, dennoch hervorragende Arbeit leisten können und dafür geschätzt werden wollen!

Achten Sie am besten ganz bewusst auf diese kognitiven Verzerrungen und kommen Sie so zu einem ungetrübten Urteil über Ihren Mitarbeiter.

g) Zur Kontinuität der Mitarbeitergespräche

Das eben waren viele Themen und viele Fragen für das Mitarbeitergespräch. Natürlich gilt es, ein Gespräch nicht durch zu viele Themen zu überladen. Das schaffen Sie insbesondere dadurch, dass Sie regelmäßige Mitarbeitergespräche anberaumen. Und selbst wenn Sie das Gefühl haben, dass es eigentlich nichts zu besprechen gibt, lassen Sie es dennoch stattfinden. Denn auch wenn Sie keinen Anlass haben, ist es sehr gut möglich, dass der Mitarbeiter einen Anlass hat. Und auch wenn der Mitarbeiter selber keinen konkreten Anlass hat, können Sie sich ganz unverbindlich in einer angenehmen Atmosphäre austauschen, was die Beziehungsebene zwischen Ihnen und Ihrem Mitarbeiter stärkt.

4.3 Das Team-Building

Das Team-Building beschreibt den Prozess des Zusammenwachsens der Mitarbeiter zu einem sich gegenseitig unterstützenden Team, bei dem jeder nicht nur für sich, sondern auch für die anderen kämpft. Es gibt hier zwei Ansatzpunkte dazu: das Thema, was bestehende Teams zusammenschweißt, und das Thema, worauf Sie bei Neueinstellungen achten sollten.

a) Team-Events, die zusammenschweißen

Jeder kennt die außergewöhnlichen Dinge, die Mitarbeiter tun und bei denen Teamspirit entstehen soll: Paintball, Bowling, gemeinsamer Kochkurs, Seifenkistenfahren, wandern, klettern, Steak essen, grillen, gemeinsam Marathon laufen, Bogenschießen, Teamdrumming, Kicker-Turnier, Quizshow, Floßbau, Eisstockschießen – es gibt nichts, was es nicht gibt! Logischerweise preisen die Anbieter, dass diese Art von Events den Teamgeist stärkt. Natürlich ist das nicht ganz falsch. Solche Events können Spaß machen und man sieht mal die Kollegen und die Chefs von einer ganz persönlichen Seite. Doch die Wirkung eines solchen Events verpufft relativ schnell.

Teambuilding sollte daher vor allem bei der Arbeit stattfinden. Was können Sie da tun? Sie können darauf achten, dass …

- … das Ziel, auf welches das Team hinarbeitet, klar von Ihnen kommuniziert wird
- … das Team die richtige Größe hat (vor allem nicht zu groß ist, sodass keiner keinen kennt)
- … das Team bei der Wochen- und Monatsplanung beteiligt wird
- … es eine faire Kommunikationsweise gibt
- … jeder ausreden darf
- … nicht alles in Einzelarbeit gemacht wird
- … erste Anzeichen von Mobbing unterbunden werden
- … Mitarbeiter zu Ihnen kommen können, falls es Probleme gibt
- … regelmäßige Treffen, wie etwa Stammtische, existieren, wo Mitarbeiter nach der Arbeit entspannen können
- … es gemeinsame Kaffeepausen gibt, die Mitarbeiter für Privatgespräche nutzen können
- … Erfolge gemeinsam gefeiert werden
- … Team-Workshops durchgeführt werden, bei denen sich Mitarbeiter im Team gemeinsam weiterbilden können
- … Kollegen explizit darauf aufmerksam gemacht werden sollen, sich gegenseitig um Hilfe bitten zu können, und natürlich
- … es regelmäßige Teamsitzungen geben sollte, in denen gemeinsam überlegt wird, wie man als Team intensiver zusammenarbeiten kann

Viele dieser Punkte können Sie täglich umsetzen und damit für einen besseren Teamgeist sorgen. Wenn dann noch von Zeit zu Zeit tolle externe Firmenevents, wie zum Beispiel Bowling, dazukommen, ist das ein schöner Bonus. Doch der Fokus sollte bei Ihnen darauf liegen, sich täglich für Teamgeist in der Arbeit einzusetzen. Zu tun gibt es da immer genug.

b) Strategisches Recruiting

Teil des Teambuildings ist auch das Recruiting. Natürlich kommen bei Neueinstellungen Persönlichkeiten hinzu, die vielleicht nicht von vornherein ins Team passen und sich erst langsam integrieren müssen. Damit dieser Prozess möglichst reibungsfrei verläuft, geht es auch beim Recruiting neuer Mitarbeiter darum, darauf zu achten, dass der sogenannte **cultural fit** gegeben ist, dass also der Neue nicht nur von den Qualifikationen her passt, sondern auch von seinen Wertvorstellungen und seiner Arbeitskultur.

Das heißt für Sie, bei Vorstellungsgesprächen ganz explizit die Unternehmenskultur in den Vordergrund zu stellen, den Bewerber zu fragen, was er mit Ihren Unternehmenswerten anfangen kann, und wenn er etwas Inadäquates sagt, dann weiterzusuchen. Denn was die psychologische Forschung seit Langem sagt, ist, dass ein unpassender oder negativer Mitarbeiter reicht, um die Leistung des gesamten Teams nach unten zu ziehen. Ob durch Mobbing, schlechte Laune, miese Kommentare, wichtiges Gehabe oder Ausnutzen der Hilfe von Kollegen – die Mitarbeiter sind gegen dieses asoziale Verhalten eines Kollegen in der Regel machtlos, und das drückt natürlich auf die Stimmung.

Achten Sie beim Recruiting also genau auf das soziale Profil des Bewerbers und lassen Sie den «faulen Apfel» erst gar nicht ins Team.

Und wenn dennoch Konflikte unter Mitarbeitern entstehen sollten, dann wäre es natürlich praktisch, als Führungskraft diese Konflikte lösen zu können. Und genau darum geht es in der fünften Rolle der Führungskraft: der Problemlöser.

5
DER PROBLEMLÖSER

Konfliktmanagement & Change Management

Schnellübersicht zum Kapitel:

1. Professionelles Konfliktmanagement
2. Professionelles Change Management

5.1 Professionelles Konfliktmanagement

Der Duden definiert den Konflikt als

> **«durch das Aufeinanderprallen widerstreitender Auffassungen, Interessen o. Ä. enstandene schwierige Situation, die zum Zerwürfnis führen kann.»**

Wichtig bei dieser Definition ist das Wörtchen «kann»: Nicht jeder Konflikt muss zum Zerwürfnis führen. Wenn man es als Führungskraft also richtig anstellt, dann kann man die meisten Konflikte lösen – oder noch besser: ihnen prophylaktisch vorbeugen.

Bevor es richtig losgeht, noch ein wichtiger Gedanke: Die meisten Menschen haben mit dem Wort «Konflikt» negative Konnotationen wie Streit, Ärger, Bedrohung, Belastung, Eskalation, Niederlage, Kampf, Gesichtsverlust, Vertrauensverlust – doch das ist nur eine Sichtweise auf Konflikte. Man kann sie auch sehen als Chance und als Anstoß zum Wandel. Denn fast jeder Konflikt führt zu einer inneren oder äußeren Veränderung. Und das kann, bei richtiger Handhabung, zu einer Verbesserung des Status quo ante führen. Genug der Vorrede, steigen wir nun ein in die Untiefen des Konfliktmanagements!

a) Welche Typen von Konflikten gibt es?

Zunächst einmal ist es hilfreich, zwischen den unterschiedlichen Konflikttypen zu unterscheiden. Hier sind die acht häufigsten Konflikttypen:

- **Zielkonflikt:** Zwei oder mehr Personen, die in einem gewissen Abhängigkeitsverhältnis stehen, verfolgen unterschiedliche Ziele, die sich gegenseitig beeinträchtigen oder ausschließen.

- **Mittelkonflikt:** Die Effizienz und/oder Effektivität der einzusetzenden Mittel wird von zwei oder mehr Personen unterschiedlich gesehen, wobei das Ziel durchaus dasselbe sein kann.

- **Wertekonflikt:** Unterschiedliche Wertesysteme führen zu Reibereien, wie zum Beispiel ein unterschiedliches Menschenbild, von dem die Parteien innerlich überzeugt sind und unterschiedliche Konsequenzen für ihre Handlungsmaximen ableiten (hierzu zählen zum Beispiel interkulturelle und intergenerationelle Konflikte).

- **Rollenkonflikt:** Kann bestehen zwischen verschiedenen Rollen (z. B. Führungskraft und Mitarbeiter), innerhalb einer Rolle (einerseits an Profit denken, andererseits an das Wohl der Kollegen) oder aufgrund unklar definierter Rollen (Stichwort: «Wer darf wann was?»).

- **Verteilungskonflikt:** Die Parteien streiten über die Verteilung der vorhandenen, jedoch beschränkten Ressourcen (monetäre, technische, symbolische etc.).

- **Beziehungskonflikt:** Mindestens eine der Parteien verspürt eine persönliche Antipathie oder Ablehnung gegenüber der anderen Person, ohne notwendigerweise den Grund dafür zu kennen.

- **Machtkonflikt:** Der typische Kampf innerhalb einer Gruppe um den Alpha-Status (auch Statuskonflikt genannt).

- **Veränderungskonflikt:** Wenn innerhalb einer bestehenden Struktur sich Mitglieder, Rollen oder Normen verändern und Teile der Gruppe damit nicht einverstanden sind (dazu mehr im Unterkapitel «Change Management»).

Wenn also zwei streiten, müssen Sie zunächst analysieren, um welchen Konflikttyp es sich handelt. Dabei sollten Sie, wie bereits oben im Abschnitt «Erfolgreich verhandeln» dargestellt, nicht auf die Positionen (also das Gesagte) schauen, sondern auf die dahinterstehenden Motivationen und Interessen der Konfliktparteien. Es ist auch sehr sinnvoll, die unterschiedlichen Konfliktpersönlichkeiten zu kennen.

b) Welche Konfliktpersönlichkeiten gibt es?

Nicht jeder Mensch verhält sich innerhalb eines Konflikttyps gleich. Generell kann man vier Konfliktpersönlichkeiten unterscheiden:

- **Der Wettbewerbstyp:** Er sieht den Konflikt als einen Kampf, bei dem sich nur einer durchsetzen kann und als Sieger davonschreitet. Für ihn ist der Konflikt daher ein Null-Summen-Spiel und er tut alles, um zu «gewinnen». Mit anderen Worten: Er schreckt auch nicht davor zurück, der anderen Partei zu schaden, wenn es für den Sieg erforderlich ist.

- **Der egoistische Typ:** Diese Konfliktpersönlichkeit denkt zuallererst an sich. Im Gegensatz zum Wettbewerbstyp kann der egoistische Typ auch die Interessen der anderen Parteien berücksichtigen, solange das nicht dem eigenen Vorteil schadet.

- **Der selbstlose/defensive Typ:** Diese Konfliktpersönlichkeit denkt als Erstes an die Interessen der anderen. Sobald ein Konflikt sich anbahnt, winkt dieser Typ mit der weißen Fahne und geht harten Auseinandersetzungen, auch unter Inkaufnahme von persönlichen Nachteilen, sofort aus dem Weg.

- **Der kooperative Typ:** Bei ihm steht die Gerechtigkeit über allem. Er ist nicht nur an einer fairen, sondern auch an einer langfristigen Lösung interessiert, die für beide Seiten profitabel ist und eine langfristige Kooperation ermöglicht.

Aus diesen vier Konfliktpersönlichkeiten ergeben sich unterschiedliche Wege der Konfliktbewältigung.

ÜBUNG #20: Ihre eigene Konfliktpersönlichkeit

Überlegen Sie sich, welche Konfliktpersönlichkeit Sie repräsentieren und, falls Sie nicht der kooperative Typ sind, welche inneren Überzeugungen Sie davon abhalten, immer kooperativ an Konflikte heranzutreten.

c) Welche Arten der Konfliktbewältigung gibt es?

Wenn zwei Wettbewerbstypen aufeinanderprallen, ist eine **Konfrontation** vorprogrammiert. Bei diesem ersten Weg der Konfliktbewältigung will keine der Parteien zurückweichen. Jeder will gewinnen und seine Position zu 100 Prozent durchsetzen. Hier setzt sich meist derjenige durch, welcher die machtvollere Position innehat bzw. wer die machtvollere Position dem anderen besser vorgaukelt. Ähnlich verhält es sich, wenn der Wettbewerbstyp und der egoistische Typ aufeinanderprallen und es für Letzteren keine gemeinsamen Interessen zu finden gibt.

Wenn der Wettbewerbstyp auf den selbstlosen/defensiven Typ trifft, so verläuft die Konfliktbewältigung auf dem Weg der **Anpassung** bzw. **Vermeidung.** Der selbstlose/defensive Typ will den Konflikt nicht austragen und passt sich einfach an die Vorgaben des Wettbewerbstypen (und des egoistischen Typen) an. Selbiges passiert natürlich auch, wenn zwei defensive Typen aufeinanderprallen.

Der dritte Weg der Konfliktbewältigung findet häufig zwischen egoistischen Konflikttypen statt. Wenn sie gegenseitig erkennen, dass sie ihre Position nicht durchsetzen können, weil sie zum Beispiel auf einer Hierarchieebene sind, dann versuchen sie, einen **Kompromiss** zu schließen. Sie machen also Zugeständnisse und, pragmatisch wie sie sind, erreichen sie zumindest einen Teil ihrer gesteckten Ziele.

Und schließlich der vierte Weg der Konfliktbewältigung: die **Kooperation**. Es ist natürlich der kooperative Typ, der versucht, mit allen Konfliktpersönlichkeiten zu einer Win-win-Situation zu kommen. Er versucht (intuitiv oder bewusst dem oben dargestellten Harvard-Modell folgend), die dahinterstehenden Interessen herauszufinden und eine faire Lösung des Konfliktes anzustreben, bei der beide Seiten profitieren und an einer weiteren Zusammenarbeit interessiert sind.

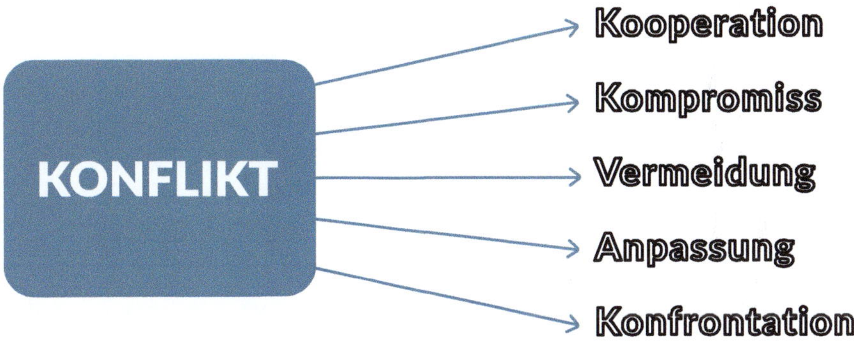

Wenn die Parteien einen Dritten zur Konfliktbewältigung einsetzen, dann kommen als Typen der Konfliktbewältigung noch die **Konfliktmoderation** und **Mediation** (Konfliktbewältigung durch einen unabhängigen Dritten ohne Entscheidungsbefugnis) und die **freiwillige Gerichtsbarkeit** sowie der **Rechtsweg** (Konfliktbewältigung durch einen unabhängigen Dritten mit Entscheidungsbefugnis) hinzu.

Selbstverständlich ist die Kooperation, also der Harvard-Ansatz, der Königsweg. Denn natürlich ist die Zufriedenheit bei den Konfliktparteien am größten, wenn beide als Gewinner aus dem Konflikt herausgehen. Doch damit das passieren kann, muss man sich sehr gut auf die Konfliktsituation vorbereiten.

d) Kommunikative Konfliktverstärker

Die Ursachen für Konflikte sind, wie sich bereits aus den unterschiedlichen Konfliktarten (siehe oben) ergibt, äußerst unterschiedlich. Und es gibt noch unzählige weitere Ursachen für Konflikte – wie Angst, Statusdenken, zu viele Beteiligte, zu wenig Zeit, individuelle Wahrnehmungsunterschiede, tradierte Konflikte, Vorurteile, unfaire Behandlung, fehlende Akzeptanz, und, und, und …

Was aber alle Konfliktursachen gemeinsam haben, sind kommunikative Fehler, die ein oder mehrere Beteiligte bewusst oder unbewusst begehen und so den Konflikt über die Zeit verstärken.

15 KONFLIKT-VERSTÄRKER:

1. Abfällige Bemerkungen über die andere Partei.
2. Kommunikation nur auf der Sachebene und damit völlige Vernachlässigung der Beziehungs-, Selbstoffenbarungs- und Appellebene.
3. Das eigentliche Problem wird verschwiegen.
4. Die Partei sagt bewusst nicht, was sie meint.
5. Mehrdeutige Kommunikation der eigenen Position.
6. Bei Unverständnis des anderen wird aus Höflichkeit nicht nachgefragt, sodass Missverständnisse mit der Zeit größer werden.
7. Selber viel reden, aber kaum zuhören; keine Fragen stellen
8. Man konzentriert sich auf die schwachen Punkte, um sie zu widerlegen, und nicht auf die berechtigten Punkte, die man bewusst übergeht (Strohmann-Technik).
9. Passiv-aggressives Verhalten (Aggressionen werden «durch die Blume» kommuniziert)
10. Abfällige Körpersprache und negative oder provozierende Stimmführung
11. Aufgeblasene, prätentiöse Abwesenheit
12. Unerreichbarkeit bzw. ständige Abwesenheit
13. Kommunizierte Unlust, sich dem Konflikt überhaupt zu stellen
14. Unpersönlichkeit (E-Mails statt eines persönlichen Gesprächs)
15. Zu wenig eingeräumte Zeit, um vernünftig reden zu können

Diese kommunikativen Verstärker werden selten nur von einer Konfliktpartei begangen. Meistens, wenn der Konflikt eine gewisse Eskalationsphase erreicht hat, begehen beide Seiten – mehr oder minder – diese

Kommunikationsfehler. Um den Konflikt nicht noch weiter anzuheizen, gilt es, in der eigenen Kommunikation diese 15 Fehler zu vermeiden. Und, falls der andere diese Kommunikationssünden begeht, ihn mithilfe der Spiegel-Technik dezent und freundlich darauf hinzuweisen.

Die **Spiegel-Technik**, wenn Sie sich vielleicht erinnern, kam bereits vor im Unterabschnitt «Teamleader sein und Gruppen führen». Kurz zur Wiederholung: Mit dieser Technik zeigt man dem Gesprächspartner auf der Meta-Ebene einen Kommunikations-Spiegel und weist ihn auf einen bestimmten Kommunikationsfehler hin, den er regelmäßig begeht (Beispiel: «Merken Sie eigentlich, dass Sie mich ständig unterbrechen?»).

Nun wissen Sie, auf welche sprachlichen Feinheiten Sie in einer Konfliktsituation achten sollten. Und jetzt stellt sich natürlich die Frage, wie Sie sich inhaltlich auf die Konfliktsituation vorbereiten können.

e) Wie bereiten Sie sich idealerweise auf Konfliktgespräche vor?

Es gibt so einiges, auf das Sie sich vor einem Konfliktgespräch vorbereiten können. Die gute Nachricht ist: Es sind immer wieder dieselben Punkte, die Sie bearbeiten müssen. Daher hier eine Checkliste an Fragen, die Sie vor einem Konfliktgespräch für sich beantworten sollten:

CHECKLISTE KONFLIKTLÖSUNG

1. Um welchen Konflikt geht es? (Ziel-, Werte-, Methodenkonflikt usw.)
2. Mit welcher Konfliktpersönlichekeit habe ich es zu tun? (Wettbewerbstyp, egoistischer Typ, selbstloser Typ oder kooperativer Typ)
3. Welchen Weg der Konfliktbewältigung möchte ich wählen? (Konfrontation, Vermeidung/Anpassung, Kompromiss, Kooperation)
4. Was ist die mögliche Ursache des Konfliktes?
5. Mit welchem Lösungsvorschlag gehe ich in die Konfliktsituation hinein?
6. Was für eine Alternative habe ich, wenn wir den Konflikt nicht lösen?
7. Welche Zugeständnisse kann ich machen, welche nicht?
8. Was sind Motive und Alternativen meiner Konfliktpartei?
9. Welche Einwände und Vorwürfe sind zu erwarten und wie antworte ich darauf?
10. Wie schaffe ich eine positive Grundstimmung? (Ungestörtheit, Snacks, Small Talk, nicht unterbrechen, aktiv zuhören, offene Körpersprache, angenehme Stimme, nach gemeinsamen Interessen und Werten suchen)

f) Welche Rollen können Sie als Führungskraft beim Konfliktmanagement übernehmen?

Es gibt unterschiedliche Grade der Involviertheit, mit der Sie einen Konflikt angehen können. Die Rollen reichen vom Konfliktinitiator, der lediglich einen Konfliktlösungsprozess unter den Mitarbeitern anstößt, bis hin zum Konfliktentscheider, der eigenständig und für die Mitarbeiter verbindlich eine Entscheidung trifft. Im Folgenden präsentiere ich Ihnen die möglichen Grade der Involviertheit im Konfliktmanagement:

- **Konfliktlösungsinitiator:** Hier regen Sie an, dass zwei zerstrittene Mitarbeiter den Konflikt angehen sollten. Als Initiator endet bereits hier Ihr Job. Sowohl die Prozesse für die Konfliktlösung als auch die Konfliktlösung selbst werden von den Parteien eigenständig erarbeitet. Diese Rolle bietet sich vor allem dann an, wenn der Konflikt sich im Anfangsstadium befindet und die Parteien noch gut miteinander reden können.

- **Konfliktberater:** Auch hier sind Sie als Führungskraft bei der Konfliktbearbeitung selbst nicht involviert. Sie stehen außerhalb der Gespräche der Parteien, geben ihnen aber auf Wunsch Anregungen und Tipps, ohne in das konkrete Geschehen einzugreifen. Das können vor allem (vertrauliche) Einzelgespräche sein, und zwar mit einem oder mehreren Beteiligten. Diese Rolle bietet sich vor allem dann an, wenn mindestens eine der Konfliktparteien nicht weiterweiß und Sie um Rat bittet.

- **Konfliktmoderator:** Hier moderieren Sie die Konfliktgespräche und sind aktiv in den Lösungsprozess eingebunden. Ihre Aufgabe ist es, die perfekten Rahmenbedingungen für die Konfliktlösung zu schaffen, wobei die Lösung von den Parteien selber stammt. Sie moderieren die Gespräche, achten auf die Einhaltung von Regeln, sind neutral, schreiten beispielsweise ein, wenn es hitzig wird, und weisen darauf hin, wenn Irrelevantes diskutiert wird. Diese Rolle bietet sich vor allem dann an, wenn die Konfliktparteien emotional zu involviert sind, um alleine und vernünftig miteinander reden zu können.

- **Konfliktmediator:** Ähnlich wie der Moderator ist der Mediator verantwortlich für den Prozess, während die Parteien für den Inhalt der Gespräche verantwortlich sind. Der Mediator ist aber insoweit aktiver als der Moderator in den Prozess eingebunden, als er aktiv mit Fragen in den Klärungsprozess eingreifen kann sowie allparteilich die Gespräche leitet. Im Gegensatz zur Neutralität (mit der einhergehenden emotionalen Distanz) bedeutet Allparteilichkeit, dass der Mediator sich mit allen Parteien identifiziert und folglich auch, wenn notwendig, der (zu einem bestimmten Zeitpunkt) kommunikationsschwächeren Partei hilft, sich besser zu artikulieren. In der Sache ist der Mediator also neutral, auf der Beziehungsebene passt er sein Verhalten empathisch an die gegebene Situation an. Als «Mediator» darf sich übrigens jeder bezeichnen, der sich dazu berufen fühlt. Wer das allerdings professionell machen möchte, dem sei eine Mediationsausbildung empfohlen, die, soweit sie die Anforderungen des Mediationsgesetzes erfüllt, zur Bezeichnung als «zertifizierter Mediator» (§ 5 Abs. 2 MediationsG) führt. Selbstverständlich können Sie auch einen professionellen Mediator engagieren, wenn Sie das Gefühl haben, dass Sie selbst nicht weiterkommen (würden). Auch diese Rolle bietet sich vor allem dann an, wenn die Konfliktparteien emotional zu involviert sind, um vernünftig miteinander reden zu können, und Sie zudem auch darum bitten, aktiver bei der Konfliktbewältigung vorzugehen.

- Der **Konfliktmanager:** Hier geht die Rolle noch weiter, denn Aufgabe des Konfliktmanagers ist es, selber den Konflikt zu analysieren, Konzepte zur Konfliktlösung zu entwickeln und die Parteien direkt dabei zu unterstützen, die Konfliktlösung auch umzusetzen. In der Friedensforschung des 20. Jahrhunderts haben sich drei Schulen des Konfliktmanagements herauskristallisiert: Bei der **conflict settlement** (Konfliktregelung) geht es darum, schnell den Konflikt zu lösen, ergebnisorientierte und schnell umsetzbare Strategien zu finden, ohne notwendigerweise die Konfliktursachen anzusprechen. Es geht bei der Konfliktregelung also um das schnelle Beenden des «Blutvergießens». Methoden der Konfliktregelung sind etwa ein «Machtwort» der Führungskraft oder Verhandlungen, bei denen ein schneller Kompromiss zwischen Konfliktparteien geschlossen wird, mit dem sie leben können. Bei der **conflict resolution** (Konfliktlösung) geht es darum, Konfliktursachen zu finden und diese langfristig zu beseitigen, um einen dauerhaften Frieden zu sichern. Insbesondere versucht man bei der Konfliktlösung, die nicht erfüllten und häufig unausgesprochenen Grundbedürfnisse zu stillen. Methoden sind hier ausführliche Konfliktanalysen und das Herauskristallisieren der versteckten Interessen und Ängste der Parteien in ausführlichen Gesprächen, bei denen Sie als Führungskraft leitend oder begleitend mitwirken können. Auch die dauerhaft verbesserte Kommunikation zwischen den Parteien ist dabei ein ausdrückliches Ziel. Bei der **conflict transformation** (Konflikttransformation) geht es schließlich darum, zusätzlich zur Konfliktlösung die Parteien miteinander zu versöhnen und einen dauerhaft gerechten Zustand zwischen ihnen zu kreieren. Diese Form des Konfliktmanagements ist die langwierigste, weil es viel Zeit benötigt, die Einstellung der Parteien zum Konflikt und zueinander zu transformieren und Strukturen grundlegend zu reformieren. Diese Rolle bietet sich dann an, wenn die Konfliktparteien oder Sie einen echten strukturellen und/oder kulturellen Wandel anstreben und es darum geht, einen besseren Zustand herzustellen, als er vor dem Konflikt bestand.

- **Konfliktschlichter:** Während der Konfliktmanager aktiv die Parteien unterstützt, hat er keine Entscheidungskompetenz. Der Schlichter bekommt von den Parteien die Befugnis, unter den erarbeiteten Lösungsvorschlägen selbst zu entscheiden, welche gewählt werden soll, weil sie sich selber nicht auf eine Lösung einigen können. Natürlich setzt die Rolle des Schlichters beiderseitiges Vertrauen und genaue Kenntnis des Konfliktes voraus. Diese Rolle bietet sich dann an, wenn die Konfliktparteien möchten, dass Sie eine Lösung für sie aussuchen.

- **Konfliktentscheider:** Er kennt ebenfalls die Konfliktgeschichte, hat aber entweder die formale Autorität oder die Zustimmung der Parteien, selbstständig Lösungsvorschläge auszuarbeiten und eine Entscheidung zu fällen, die in der Lage ist, den Konflikt zu beenden. Diese Rolle bietet sich natürlich dann an, wenn die Konfliktparteien möchten, dass Sie – quasi wie ein Richter – eine Entscheidung selber vorbereiten und auch fällen.

g) Praktische Tipps für die Konfliktmoderation/Mediation

Nach diesem ausführlichen Überblick über die Möglichkeiten der Konfliktlösung stellt sich natürlich die Frage, welche Funktionen am ehesten für Sie infrage kommen. Und das sind vor allem die Konfliktmoderation und die Mediation. Welche Schritte helfen Ihnen ganz konkret, einen Konflikt anzugehen? Hier eine ganz klare Handlungsempfehlung:

Im **ersten Schritt** geht es für Sie darum, Transparenz bezüglich des Konfliktlösungsprozesses zu schaffen. Sie definieren Ihre Rolle als neutrale Person, die für eine geregelte Diskussion sorgen wird und auf Wunsch eigene Sichtweisen und Lösungsvorschläge einbringt. Machen Sie in dieser Phase auch klar, dass Konflikte alltäglich sind und diese Konfliktmoderation bzw. Mediation die Chance bietet, den Status quo zu verbessern. Strahlen Sie dabei die Zuversicht aus, dass die Konfliktlösung nur eine Frage der Zeit ist.

Im **zweiten Schritt** sollten Sie die Positionen der Konfliktparteien erfahren. Ganz im Sinne des Harvard-Prinzips sind die dahinterstehenden Interessen ganz wesentlich. Nachdem also die Parteien ihre Standpunkte offenbart haben, ist es Ihre Aufgabe als Moderator bzw. Mediator, nachzuhaken, warum die Konfliktparteien diese Positionen vertreten.

Im **dritten Schritt** geht es um eine Themensammlung, also um die für die jeweiligen Parteien relevanten Punkte, die unbedingt besprochen und geregelt werden sollen. Idealerweise bitten Sie die Konfliktparteien, eine Priorisierung ihrer Anliegen festzulegen, damit Sie wissen, worauf es ihnen am meisten ankommt.

Im **vierten Schritt** sollten Sie viele kreative Lösungsoptionen für den Konflikt finden. Zunächst empfiehlt sich das Brainwriting, in dem jeder – nachdem er die Kernanliegen des anderen erfahren hat – versucht, eigenständig Lösungsvorschläge zu entwickeln. Anschließend kommt man im Brainstorming zum gemeinsamen Sammeln der Ideen und deren Weiterentwicklung als Gruppe. Und erst danach findet dann die Auswahl der besten Lösungsidee statt.

Im **fünften und letzten Schritt** fassen Sie die Einigung der Parteien schriftlich zusammen und definieren mit ihnen die nächsten Umsetzungsschritte, die Sie am besten mit konkreten Handlungsanweisungen und Deadlines verknüpfen.

Sie steigern die Erfolgschancen des Prozesses, wenn Sie den Konfliktparteien in allen Phasen neutral, offen und wertschätzend gegenübertreten. Ob Sie dabei eigene Lösungsvorschläge machen, die kommunikationsschwächere Partei unterstützen sollten oder aus Unternehmensinteresse einen bestimmten Lösungsvorschlag «verkaufen» möchten bzw. müssen, hängt natürlich stark vom Einzelfall ab. Das Wichtigste ist aber, den Konfliktparteien das Gefühl zu vermitteln, dass es Ihnen um eine faire Lösung geht.

Wenn Sie jedoch die Neutralität nicht gewährleisten können bzw. wenn mindestens eine Partei Sie für nicht neutral hält, sollte die Konfliktmoderation bzw. Mediation für Sie als Option ausscheiden. Denn die Partei, die Sie für parteiisch hält, wird Ihr Konfliktmanagement nicht akzeptieren können. Außerdem laufen Sie Gefahr, mit in den Konflikt hineingezogen zu werden. Klären Sie also mit den Streithähnen im Vorfeld ab, ob sie Sie für neutral halten – und engagieren Sie bei Bedarf einen externen Mediator.

h) Sonderproblem: Mobbing

Mobbing ist eines der größten Probleme im Job. Schätzungen gehen davon aus, dass über eine Million Menschen bei der Arbeit gemobbt werden. Abhängig ist die Zahl natürlich davon, wie man das Mobbing genau definiert. Dass es aber eine branchenübergreifende Plage ist, wird keiner ernsthaft bestreiten. Was also tun als Führungskraft?

Zunächst gilt es zu verstehen, dass Mobbing kein Phänomen zwischen zwei Mitarbeitern ist, sondern ein Gruppenphänomen. Auf den ersten Blick gibt es da den «bösen» Mobber, der einen Kollegen beschimpft, drangsaliert, provoziert etc. Doch in Wirklichkeit passiert das in den seltensten Fällen ohne Mitwisserschaft der Kollegen. Entweder findet das Mobbing statt, während andere Kollegen still zuschauen und nicht eingreifen. Oder aber der «Täter» erzählt seinen Kollegen, wie hilflos sein Mobbing-Opfer war, als er ihm diese oder jene Unfreundlichkeit an den Kopf geworfen hat. Und auch hier gibt es in den meisten Fällen zumindest einen Kollegen, meist den Freund des Mobbers, der eingeweiht ist.

Daraus ergibt sich bereits der **erste Anti-Mobbing-Tipp** für Sie als Führungskraft: In regelmäßigen Abständen (zum Beispiel zweimal im Jahr) weisen Sie darauf hin, dass Mobbing ein allgegenwärtiges Phänomen in vielen Abteilungen ist und dass, insoweit ein Mitarbeiter davon betroffen ist oder davon gehört hat, er sich bei Ihnen melden soll, um die Angelegenheit zu klären, natürlich mit dem Hinweis, dass jede Information, auch in anonymer Form, sehr willkommen ist. Darüber hinaus sind Sie auch rechtlich dazu verpflichtet, Mobbing zu stoppen, da Sie für Ihre Mitarbeiter eine arbeitsrechtliche Fürsorgepflicht haben und dem Mobbing durch Ermahnungen, Abmahnungen und in Extremfällen mit Versetzungen und Kündigungen begegnen sollten.

Der **zweite Anti-Mobbing-Tipp** besteht darin, dass Sie selber in allen Meetings und Besprechungen ein offenes Ohr für beleidigende, sexistische, erniedrigende und schikanöse Kommentare haben und, falls es mal vorkommt, die «Tat» am besten schriftlich genau dokumentieren und anschließend schnell ein vertrauliches Gespräch sowohl mit dem Kollegen anberaumen, der sich kommunikativ danebenbenommen hat, als auch (vorher oder anschließend) mit dem Kollegen, der angegriffen wurde. Denn Sie wissen vielleicht, dass Mobbing-Opfer häufig unter Schlafstörungen, Ängsten, Magenschmerzen, Essstörungen, Depressionen und vielen anderen negativen psychischen Auswirkungen leiden, die schnell zur inneren Kündigung führen können. Es ist also in Ihrem allergrößten Interesse, bei Mobbing (und bereits bei kleinen Ansätzen dazu) sofort zu intervenieren. Übrigens sind vier von fünf Mobbing-Opfern Frauen. Nicht umsonst ist eine Frauenbeauftragte oder ein «Equity Officer» besonders in größeren Unternehmen sehr sinnvoll.

Häufig mobbt der, welcher eine höhere Position und nichts zu befürchten hat. Und das trifft naturgemäß auf Führungskräfte zu. Wenn Führungskräfte mobben, dann spricht man neudeutsch von «Bossing». Und statistisch gesehen ist an jedem zweiten Mobbing-Fall der Vorgesetzte beteiligt. Gründe dafür sind etwa, dass die Führungskraft durch ein solches Verhalten die eigene Unsicherheit und Unzulänglichkeit kompensiert oder seine (neu erworbene) Macht gerne demonstriert.

Und nun also der **dritte Anti-Mobbing-Tipp:** Machen Sie eine ehrliche Selbstanalyse, in der Sie auf einem Blatt Papier festhalten, wann Sie unsachliche Kritik geübt, einen Mitarbeiter ausgegrenzt oder vor der ganzen Gruppe schlechtgemacht haben. Und falls Sie Kollegen haben, die Ihre Freunde sind: Fragen Sie diese, ob ihnen ein solches Verhalten bereits aufgefallen ist, und bitten Sie sie, in Zukunft Ihnen in einem Zweier-Gespräch mitzuteilen, falls Sie einmal kommunikativ danebengegriffen haben sollten.

Schließlich ist es natürlich auch möglich, dass Sie als (frischgebackene) Führungskraft gemobbt werden, was im Fachjargon «Staffing» genannt wird, also Mobbing durch Staff (das Personal).

Hier der **vierte Anti-Mobbing-Tipp** für Sie: Ein guter Konflikt- oder Schlagfertigkeits-Coach kann schnell Abhilfe schaffen und Ihnen effektive kommunikative Wege aufzeigen, wie Sie dem Mobbing gekonnt begegnen.

Übrigens wird das Mobbing arbeitsrechtlich dann relevant, wenn die Mobbing-Handlungen (also Anfeindungen, Erniedrigungen und Einschüchterungen) mehrfach auftreten, sich über einen längeren Zeitraum erstrecken und die Persönlichkeit des Betroffenen oder seine Gesundheit beeinträchtigen. Einzelne Aspekte können auch strafrechtliche Relevanz aufweisen und sofort zur Anzeige gebracht werden (insbesondere Beleidigung, üble Nachrede und Verleumdung, §§ 185 – 187 StGB). Alles in allem: Das Thema Mobbing sollte man als Führungskraft immer ernst nehmen und entschieden angehen – und hin und wieder auch selbst in den Spiegel schauen.

5.2 Professionelles Change Management

Viele Änderungen gehen mit Konflikten einher. Dabei entstehen sogenannte «Veränderungskonflikte». Ein erfolgreiches Umgehen und Vermitteln dieser Änderungen durch die Führungskraft nennt man auf Neudeutsch heutzutage gerne «Change Management».

Veränderungskonflikte sind in Unternehmen fast immer vorprogrammiert, denn die Änderung der Umwelt zwingt sowohl große als auch kleine Unternehmen, ständig interne Veränderungen vorzunehmen, um wettbewerbsfähig zu bleiben. Als Gründe dafür seien nur exemplarisch die Digitalisierung, die Globalisierung und die Robotisierung der Wirtschaft genannt. Diese und andere Triebkräfte bringen notwendige Strategie-, Struktur- und Entscheidungswechsel mit sich. Und wer sich nicht an die neue Umwelt anpasst, den gibt es in ein paar Jahren nicht mehr auf dem Markt.

a) Die zwei Tools des Change Managements: Angst und Hoffnung

Es gibt, grundsätzlich gesprochen, zwei Wege, um das Change Management den Mitarbeitern schmackhaft zu machen: das Prinzip Angst und das Prinzip Hoffnung.

Wenn Sie sich als Tool für die Angst entscheiden wollen, dann ist Ihre Aufgabe, den Status quo möglichst schwarzzumalen. Das heißt, schlimmste Konsequenzen aufzeigen, was alles passieren wird, wenn die Firma den Change nicht durchführt, und am besten noch mit einer hohen Wahrscheinlichkeit untermauern, dass diese schlimmen Konsequenzen tatsächlich auch eintreten werden.

Beim «Prinzip Angst» machen viele Führungskräfte den Fehler, dass sie diese negativen Konsequenzen nicht ausführlich genug begründen. Und obwohl sie den Change nicht umsonst, sondern aus guten Gründen einführen wollen, teilen sie diese guten Gründe nicht mit ihren Mitarbeitern und geben ihre Entscheidung über den beschlossenen Change einfach nur bekannt. Und das ist eine verpasste Chance, Akzeptanz für den notwendigen Change zu gewinnen.

Wenn Sie sich für das «Prinzip Hoffnung» entscheiden, dann ist die Strategie quasi spiegelverkehrt. Es geht darum, den Mitarbeitern klar und deutlich zu zeigen, dass der Status quo schäbig ist im Vergleich zu dem, was das Unternehmen eigentlich erreichen könnte, und dass der Change nicht nur notwendig, sondern auch erstrebenswert ist.

Beim «Prinzip Hoffnung» machen viele Führungskräfte den Fehler, dass sie die positiven Konsequenzen nicht deutlich genug auf die einzelnen Mitarbeiter zurückführen. Vor allem muss diese Frage beantwortet werden: «Was haben die Mitarbeiter davon?» Wenn Sie es jedoch schaffen, diese Frage gut zu beantworten, dann motiviert das natürlich die Mitarbeiter, da jeder den klaren Vorteil für sich selbst sehen kann.

b) Warum Mitarbeiter meist gegen den Change sind

Wenn das Führungsteam Argumente vorbereitet hat und diese klar an die Mitarbeiter kommuniziert, so stellen Führungskräfte dennoch häufig fest, dass die meisten Mitarbeiter gegen den Change sind. Warum eigentlich?

Die Antwort ist relativ einfach: Es ist für Menschen schwer, ihre Routinen aufzugeben und Neues zu lernen. Das kostet Zeit und Energie. Und wie wir wissen, versucht der Mensch immer, den Weg des geringsten Widerstandes zu gehen. Beispiel neue Software: Auch wenn eine neue Software 100 neue Funktionen hat und 1.000 Mal übersichtlicher ist, sind die Mitarbeiter erst einmal dagegen. Das ist zwar aus Führungssicht irrational, aber aus Mitarbeitersicht höchst rational: Über Jahre haben sie sich an die alte Software gewöhnt und jetzt müssen sie umlernen: neue Tastenkombinationen, neues Design, andere Tiefenstruktur des Programms – alles ist neu und anders.

Es ist also nur die halbe Miete, die Mitarbeiter mit Angst oder Hoffnung von den Vorteilen der neuen Software zu überzeugen. Sie müssen sie auch befähigen, diese Veränderung möglichst einfach zu implementieren. Im Beispiel Software heißt das, Weiterbildungen und Workshops anzubieten. Wenn nötig mit Einzelcoaching-Option, Online-Tutorials und Erklär-Videos. Denn heutzutage liest niemand gerne eine Anleitung. Ein Video dagegen wirkt im 21. Jahrhundert Wunder. Mit anderen Worten: Es reicht nicht, nur die Idee gut zu verkaufen, sondern Sie müssen auch die Umsetzung leicht gestalten. Das sind beides gleich wichtige Faktoren für den erfolgreichen Change.

c) Wie Sie als Führungskraft von der Skepsis der Mitarbeiter profitieren

Nun haben Sie sich in Ihrer Vorbereitung genau überlegt, wie Sie den Change verkaufen (Stichwort: Angst/Hoffnung), und Sie haben auch einen klaren Umsetzungsplan, der Ihren Mitarbeitern den Change einfach macht. Und dennoch können Sie von den Mitarbeitern keine Freudensprünge erwarten. Denn der Mensch ist ein Gewohnheitstier. Und alles Bewährte hat bei den meisten Menschen Vorrang vor allem Unerprobten.

Nutzen Sie jedoch diese natürliche Skepsis der Mitarbeiter zu Ihrem Vorteil. Denn seien wir ehrlich: Wenn Sie als Führungskraft sich für einen Change entschieden haben, dann haben Sie sich in Ihre Idee verliebt. Bei der Ausgestaltung Ihrer neuen Idee haben Sie naturgemäß vorwiegend die Vorteile der neuen Idee im Kopf. Und das ist auch ganz normal: Man spricht in der Psychologie von dem sogenannten Bestätigungsfehler (confirmation bias): Die Führungskraft sucht explizit nach Vorteilen für die neue Idee – und vernachlässigt bei der Analyse alle Punkte, die dagegensprechen. Selbstkritik ist schwer, Selbstbestätigung angenehm, weswegen kaum ein Mensch vor der «confirmation bias» sicher ist.

Das Schöne für Sie: Die Mitarbeiter sind ja nicht im gleichen Maße wie Sie begeistert von der neuen Idee. Im Gegenteil: Es ist nicht ihre eigene Idee und deswegen versuchen sie, Schwächen daran zu finden. Jetzt begehen viele Führungskräfte den Fehler, dass sie ihr Change-Konzept nicht der Kritik unterziehen bzw. die Kritik überhören, um bloß keine Kratzer an der eigenen Idee zuzulassen. Fatal: Kein Veränderungsprozess kann sich dem Realitätstest entziehen. Und es sind Ihre Mitarbeiter, die Ihre Idee umsetzen und auf täglicher Basis kleine Veränderungen und Kritiken haben. Und Ihre Aufgabe ist es natürlich, das skeptische Feedback in den Veränderungsprozess zu integrieren, die Mitarbeiter nicht nur anzuhören, sondern zu einem Teil des Change Managements zu machen. So wird Ihre Idee zu einem gemeinsamen Prozess und die Mitarbeiter werden zum integralen und motivierten Bestandteil des Wandels.
Die aktive Beteiligung der Mitarbeiter und die dadurch schnellere Akzeptanz des Veränderungsprozesses hat ein psychologisches Fundament, nämlich den sogenannten IKEA-Effekt. Entsprungen ist der Begriff der Tatsache, dass Menschen ein Möbelprodukt dann mehr wertschätzen, wenn sie es selber mit aufgebaut haben. Quantitativ erreicht die gesteigerte Wertschätzung der selbst gebauten Ikea-Möbel fast die Wertschätzung eines Einzel-Möbelstücks, das von einem Handwerker gefertigt wurde. Das bedeutet übertragen auf die aktive Beteiligung des Mitarbeiters durch sein Feedback und seine Verbesserungsvorschläge zum Veränderungsprozess, dass er die Veränderung umso mehr wertschätzen kann, je mehr er daran beteiligt ist.

d) Das 8-Phasen-Modell von John P. Kotter

Einer der Pioniere des Change Managements ist der Harvard-Professor John P. Kotter, der acht Stufen beschrieben hat, die eine Organisation für ein erfolgreiches Change Management durchlaufen muss. Dieses Modell kann Ihnen als gute Checkliste bei Ihrem nächsten Veränderungsprozess dienen:

Stufe 1: Bewusstsein für die Dringlichkeit schaffen (durch gute Argumente und klare Aussagen).

Stufe 2: Führungskoalition aufbauen (richtungsweisende Personen zu einem Team zusammenschweißen, welches sich gegenseitig vertraut und das Vertrauen der anderen genießt).

Stufe 3: Vision und Strategie der Veränderung entwickeln (Ziel der Veränderung als Vision definieren samt dem Weg, auf welchem sie erreicht werden soll).

Stufe 4: Vision kommunizieren (überzeugende Darstellung der Vision, um alle Mitarbeiter ins Boot zu holen).

Stufe 5: Hindernisse aus dem Weg räumen (Mitarbeiter in die Lage versetzen, die Veränderung auch anpacken zu können, insbesondere durch Workshops).

Stufe 6: Schnelle Erfolge sichtbar machen (auch wenn sie am Anfang eher klein sind, sollen Erfolge gefeiert werden, um zu zeigen, dass der Veränderungsprozess in die richtige Richtung geht).

Stufe 7: Veränderungen weiter antreiben, nicht nachlassen (tief greifende Veränderungen nehmen viel Zeit und Energie in Anspruch, daher darf man sich nicht auf kleinen Erfolgen ausruhen).

Stufe 8: Veränderungen in der Unternehmenskultur verankern (erst wenn die Veränderungen in der Unternehmenskultur fest verankert sind, ist der Change Management-Prozess erfolgreich gewesen).

Wie Sie sehen, hat Change Management mehr als alles andere mit guter Kommunikation zu tun. Und so schließt sich am Ende des Buches der Kreis zur ersten Rolle der Führungskraft als Kommunikator.

Jetzt, da Sie die fünf Rollen der Führungskraft und die damit verbundenen Aufgaben und Tools kennen, wird es Zeit für ein kurzes Schlusswort.

Schluss:

Selbstmotivation als Schlüssel zum Erfolg

Johann Wolfgang von Goethe hat einmal geschrieben:

«Über allen anderen Tugenden steht eines: das beständige Streben nach oben, das Ringen mit sich selbst, das unersättliche Verlangen nach größerer Reinheit, Weisheit, Güte und Liebe.»

Was Goethe leider nicht verraten hat, ist, wie genau wir in diesen hungrigen Zustand des Strebens kommen und wie wir uns dauerhaft motivieren können. Die abstrakte Antwort auf die Frage lautet:

Jeder braucht einen guten Grund, um morgens gut gelaunt aufzustehen und tatkräftig anzupacken.

Um selber in einen hohen Energiezustand zu kommen und sich selbst täglich zu motivieren, brauchen wir also eine attraktive Vision für uns selbst. Doch die 1-Million-Euro-Frage ist natürlich: Was ist ein «guter Grund»? Top-Job? Anerkennung? Ein Jahresgehalt von 500.000 Euro?

Und hier eine ganz wichtige Einsicht: Einen guten Grund bzw. eine gute Vision haben wir, wenn uns nicht nur das Endergebnis attraktiv und erstrebenswert erscheint, sondern auch der Weg dahin. Um es metaphorisch zu sagen: wenn wir die Reise ebenso sehr genießen können wie die Ankunft.

Umgekehrt formuliert: Wenn Sie nur das schöne Ziel vor Augen haben, aber den Weg dahin hassen, dann kann zumindest keine **dauerhafte**

Motivation entstehen. Im Gegenteil: Jeder öde Tag frisst ein kleines Stückchen Ihrer Anfangsmotivation auf, bis von ihr nichts mehr übrig bleibt.

Das Problem der meisten Menschen ist, dass sie im Zukunftsdenken gefangen sind:

- «Ich werde eines Tages 500.000 Euro verdienen, dann bin ich wirklich zufrieden!»
- «Wenn ich Managing Director bin, dann habe ich es geschafft!»
- «Ich muss Partner in der Firma werden und werde mich dann wirklich frei fühlen.»

Das Zukunftsdenken hat gleich zwei Nachteile: Erstens ist es nicht sicher, dass Sie das Ziel auch erreichen werden. Denn nicht jede hart arbeitende Führungskraft wird auch Managing Director oder 500.000 Euro verdienen. Wenn Sie also Pech haben, dann werden Sie umsonst 20 Jahre malocht haben und den «großen Preis» doch nicht bekommen.

Der zweite Nachteil des Zukunftsdenkens ist, dass der Weg zum selbst gesteckten großen Ziel viele Jahre und manchmal Jahrzehnte dauert. Selbst wenn wir also nach 30 Jahren ein bestimmtes «Traumgehalt» erreicht haben, haben wir diese 30 Jahre wie ein elender Hund gelebt und unsere Freizeit auf dem Altar der Karriere geopfert.

Wichtig ist zu verstehen, dass wir, wenn es falsch läuft, gerade die beste Zeit unseres Lebens für ein weit entferntes Ziel opfern, in der wir mitten im Leben stehen und viele Erfahrungen machen könnten, die wir in ein paar Jahrzehnten altersbedingt nicht mehr nachholen können.

An dieser Stelle noch ein ganz besonderer Hinweis: Werden Menschen kurz vor ihrem Tod gefragt, was sie am meisten bereuen, sind die zwei häufigsten Antworten: «Ich wünschte, ich hätte mehr Zeit mit Freunden/Familie verbracht» und «Ich wünschte, ich hätte nicht so viel gearbeitet». Keiner sagt am Ende seiner Tage: «Hätte ich doch bloß mehr Stunden im Büro verbracht!» Das sollte uns zu denken geben.

Die Konsequenz daraus ist eindeutig: Die Aufgabe jedes Menschen ist es, sich eine Vision zu konstruieren, bei der er auch die einzelnen Entwicklungsschritte bis zur Zielerreichung genießt – also auch die Tätigkeit selbst - und Schaffenslust verspürt. Auch wenn wir unser Endziel nie erreichen sollten, so hätten wir doch auf dem Weg dahin Freude gespürt und die Arbeit genossen.

Drei Treiber helfen uns ganz besonders, die Eigenmotivation zu vergrößern: Autonomie, Wachstum und Beitrag.

Zum ersten Treiber – Autonomie: Das Schöne für Führungskräfte dabei ist, dass sie viel mehr Gestaltungsspielraum haben als «normale» Mitarbeiter und ihre berufliche Vision daher leichter selbst definieren können. Dieses Gefühl der Autonomie und der Selbstbestimmtheit gibt uns innere Freiheit und Lust, das Leben aktiv zu gestalten. Umgekehrt formuliert: Wer sich fremdbestimmt fühlt und als «Rädchen im System» wahrnimmt, wird kaum intrinsische Motivation verspüren. Der Freiheitsdrang jedes Menschen ist groß – und wer sich frei fühlt, kann auch leichter Eigenmotivation entwickeln.

Zum zweiten Treiber – Wachstum: Jeder Mensch hat einen natürlichen Drang, besser zu werden. Wer immer das Gleiche tut und nach «Schema F» Dinge abarbeitet, wird sich nie weiterentwickeln und bleibt immer dort, wo er ist. Wachstum und Besserwerden sind in uns eingebaute Kräfte, die wir nutzen und anzapfen sollten, um besser zu werden. Auch hier haben Führungskräfte tendenziell mehr Möglichkeiten als gewöhnliche Mitarbeiter, da sie durch strategische Entscheidungen und exklusive Weiterbildungen ihr eigenes Wachstum viel mehr selbst in der Hand haben und mehr finanzielle und strukturelle Möglichkeiten besitzen.

Zum dritten Treiber – Beitrag: Es gibt da diese schöne Geschichte, als John F. Kennedy einmal bei der NASA einen Hausmeister mit einem Besen antraf und ihn fragte, was sein Job sei. Der Hausmeister antwortete: «Ich helfe dabei, einen Mann auf den Mond zu bringen.» Es ist also nicht so wichtig, wie viel Geld jemand bekommt oder welchen Status jemand hat: Wenn Sie an einer Idee arbeiten, die Sie inspiriert, ist das tausendmal wichtiger als das Gehalt. Oder anders formuliert: Die Arbeitszufriedenheit eines Top-Anwalts, der 190.000 Euro im Jahr verdient und 80 Stunden pro Woche arbeitet, kann viel geringer sein als die eines Webentwicklers, der in einem innovativen Start-up 40.000 Euro im Jahr bekommt und an einer Vision für eine bessere Welt arbeitet. Und auch hier haben Führungskräfte im Vergleich zu Mitarbeitern eine günstigere Ausgangsposition für eine gelungene Selbstmotivation: Denn sie bestimmen, welche Art des Beitrags das gesamte Unternehmen (oder zumindest ihre Abteilung) leisten soll – und die einzelnen Mitarbeiter unterstützen sie dabei.

Diese drei Treiber können Sie also zur Steigerung Ihrer Selbstmotivation nutzen, indem Sie ihnen möglichst hohe Wirkungskraft einräumen und alles beiseiteschieben, was in Ihrem (Arbeits-)Leben diesen Treibern entgegensteht.

Gleichzeitig gilt es für Sie, Ihre Mitarbeiter zu motivieren und die drei Kräfte auch bei jedem Einzelnen zur maximal möglichen Geltungskraft zu bringen. Richard Branson hat einmal gesagt:

> **«Ich habe immer daran geglaubt, dass die Art und Weise, wie man seine Mitarbeiter behandelt, auch die Art ist, wie diese später Kunden behandeln, und dass die Menschen aufblühen, wenn man sie lobt!»**

Als Kommunikator, Manager, Team-Leader, Psychologe und Problemlöser geht es letztlich darum, mit Engagement und Hingabe alles daranzusetzen, dass es auch den Mitarbeitern gut geht. In Deutschland herrscht in vielen Firmen leider immer noch das Gehaltsparadigma: Statt auf Lob und auf gute Beziehungen setzen Führungskräfte auf Gehaltserhöhungen, geldwerte Leistungen und Boni als Motivationstriebfedern. Als wäre Geld der entscheidende Wohlfühlfaktor.

Dabei weisen unzählige Studien nach, dass es zwischen Gehalt und Arbeitszufriedenheit keine signifikante Wechselbeziehung gibt. Vielmehr kommt es darauf an, dass Mitarbeiter sich wertgeschätzt fühlen und das Gefühl haben, an etwas Größerem zu arbeiten. Zudem haben Menschen, die eine sinnstiftende Arbeit ausführen, eine bessere Gesundheit, höhere Lebenszufriedenheit, mehr Engagement und Teamgeist. Sie sind weniger niedergeschlagen durch Fehler und haben eine höhere Motivation. Die größte Aufgabe der Führungskraft ist es, sich selbst und anschließend die Mitarbeiter in diesen energetischen Zustand zu bringen. So ist die Selbstmotivation der Schlüssel für Ihren Erfolg und auch den Erfolg Ihrer Mitarbeiter.

Die vielen Tipps in diesem Buch und die fünf Rollen, die eine Führungskraft meistern muss, sind auf den ersten Blick ziemlich viel, um alles sofort zu meistern. Und selbstverständlich dauert es eine Weile, bis Sie die in diesem Buch dargestellten Rollen und Tools perfekt beherrschen. Mein Tipp: Suchen Sie sich zuerst eine der fünf Rollen aus und schreiben Sie innerhalb dieser einen Rolle die Tools heraus, die Ihnen am besten gefallen. Setzen Sie diese Tools ganz aktiv in Ihrem Alltag als Führungskraft ein, gewöhnen Sie sich diese an. Einen Monat später gehen Sie zur nächsten Rolle und machen Sie dasselbe noch mal. Nach fünf Monaten haben Sie die für Sie wichtigsten Tools jeder Rolle ausprobiert und wissen, was für Sie am besten funktioniert.

Zum Schluss noch meine Lieblingsdefinition von Stephen Covey zum Thema Leadership:

«Leadership is communicating other‘s worth and potential so clearly that they are inspired to see it in themselves.»

Da ich diesen Abschnitt mit Goethe begonnen habe, möchte ich auch mit Goethe schließen: ***«In der Beschränkung zeigt sich erst der Meister»*.**

Beschränken Sie sich daher auf die aus Ihrer Sicht wichtigsten Tools und meistern Sie die fünf Rollen einer Führungskraft!

Zehn Literaturempfehlungen

1. Cialdini, Robert: Influence. The Psychology of persuasion.

2. Covey, Stephen: 7 Habits of highly effective people. Powerful lessons in personal change.

3. Drucker, Peter: The effective Executive. The definitive guide to getting the right things done.

4. Duhigg, Charles: Smarter Faster Better. The transformative power of real productivity.

5. Frankl, Viktor: Man's search for meaning.

6. Godin, Seth: Tribes. We need you to lead us.

7. Goleman/Boyatzis/McKee: Primal leadership. Unleashing the power of emotional intelligence.

8. Marcus Aurelius: Meditations.

9. Pink, Daniel: Drive. The surprising truth of what motivates us.

10. Sinek, Simon: Start with why. How great leaders inspire everyone to take action.

Über den Autor

Wladislaw Jachtchenko, oder einfach Wlad, ist TOP-Speaker in Europa. Er hält Vorträge, trainiert und coacht seit 2007 Politiker, Führungskräfte und Mitarbeiter namhafter Unternehmen wie Allianz, BMW, ProSieben, Westwing, 3M und viele andere. Er vermittelt seinen Kunden nicht nur Tools professioneller Rhetorik, sondern auch effektive Überzeugungstechniken, Methoden für erfolgreiches Verhandeln, professionelles Konfliktmanagement und natürlich Techniken für effektives Leadership.

Sie können Wlad buchen für Impulsvorträge, Inhouse-Schulungen, Rhetorik-Seminare oder ein Business Coaching. Als 5-Sterne-Coach bietet er den richtigen Mix zwischen Theorie und Praxis und verbessert signifikant die Kommunikationskompetenz seiner Kunden.

Wlad hat Politikwissenschaft, Jura, Neuere Geschichte und Vergleichende Literaturwissenschaft in München und New York studiert. Er war Stipendiat der Studienstiftung des deutschen Volkes und ist **Volljurist** (beide Staatsexamina in Bayern) und **Politologe** (Master of Arts an der Columbia University in New York City).

Nach seiner Tätigkeit als Jurist in einer Münchener Kanzlei und nach seiner Arbeit als wissenschaftlicher Mitarbeiter bei den Vereinten Nationen in New York ist er dem Ruf seiner Leidenschaft gefolgt und arbeitet seit 2007 als Trainer, Speaker und Coach. Zu seiner Spezialität zählen maßgeschneiderte Firmenseminare, kurzweilige Rhetorik-Kurse und intensive Coachings zu allen Themen rund um Leadership & Kommunikation.

Wlad ist **Gründer der Argumentorik-Akademie** (www.argumentorik.com) und Entwickler des Argumentorik-Konzepts, welches das schlüssige Argument ins Zentrum der Kommunikation stellt und die Rhetorik als Notwendigkeit versteht, um gute Argumente publikumswirksam einzusetzen.

Er ist unter anderem Autor des Amazon Nr. 1 Bestsellers «Die 5 Rollen einer Führungskraft», des Topsellers «Dunkle Rhetorik: Manipuliere, bevor Du manipuliert wirst!» sowie des SPIEGEL Bestsellers «Weiße Rhetorik: Überzeugen statt manipulieren».

Wenn du Wlad als Trainer oder Speaker buchen möchtest, steht er dir gern direkt unter wj@argumentorik.com zur Verfügung.

Jetzt im Podcast «Menschen überzeugen» weitere Rhetorik-Tipps aneignen!

Link zum Podcast:
www.argumentorik.com/podcast

Zu meinem interaktiven Rhetorik-Kurs:

Bleiben wir in Kontakt

Lassen Sie uns gern auf LinkedIn und Xing vernetzen. Folgen Sie mir auch gern auf wlad.argumentorik auf Instagram. Bei YouTube finden Sie meinem Kanal «Argumentorik» alle Videos und meine umfassende Online-Bibliothek unter www.argumentorik.com/masterclass

See you soon!

Wlad

Masterclass Kommunikation

Buch 1

Redest du noch,
oder überzeugst du schon?

Viele kennen es: Man brennt für die eigenen Ideen und Überzeugungen, aber sie anderen zu präsentieren und dabei überzeugend aufzutreten, ist und bleibt eine große Herausforderung. Es gibt konkrete Rhetorik-Regeln, die hier Abhilfe schaffen. Sie dienen als Basis für jeden eloquenten, schlagfertigen und überzeugenden Vortrag. Mithilfe der 10 Gebote der Rhetorik und weiteren hilfreichen Rhetorik-Tipps wirst du zur eloquenten Person im Raum!

Buch 2

Effektiver kommunizieren:
Jeder kann zum Kommunikations-Genie werden!

Unser Alltag wird von Kommunikation bestimmt – ob im privaten oder beruflichen Umfeld. Wir kommunizieren immer und überall und dennoch setzen wir uns kaum mit dem Thema auseinander, geschweige denn, dass wir mehr darüber lernen. So ist es nicht verwunderlich, dass oft «falsch» kommuniziert wird und in der Folge Missverständnisse und Konflikte entstehen. In diesem Buch erklärt Europas Top-Speaker, worauf es bei der Alltagskommunikation und ihren vier Ebenen ankommt. Erlerne die zehn Grundgesetze der Kommunikation, sodass deine Botschaften in Zukunft wirklich ankommen.

Masterclass Kommunikation

Buch 3

Die Körpersprache als Spiegelbild deiner Seele

Kennst du das: Du hältst einen Vortrag oder möchtest in einer Diskussion den eigenen Standpunkt vertreten, alle schauen dich an und du wünschst dir nichts sehnlicher, als dass sich der Boden vor dir auftut? Was sollst du mit den Armen anfangen? Was ist, wenn die Stimme zu hoch klingt? Zu Hause fleißig Gesten einzustudieren und immer eine Oktave tiefer zu sprechen, wird auf lange Sicht vermutlich wenig hilfreich sein. Europas Top-Speaker Wladislaw Jachtchenko erklärt, worauf es wirklich ankommt, wenn du nicht nur auf verbaler, sondern auch auf nonverbaler Ebene zum Meister der Kommunikation werden möchtest. Mit einer bestimmten Gestik, Mimik und Haltung sprechen wir auf der nonverbalen Ebene zu unserem Gegenüber und tragen damit maßgeblich dazu bei, wie wir und unsere Botschaften von anderen wahr- und aufgenommen werden. Hinter einer unsicheren Körpersprache stecken limitierende Glaubenssätze, die wir bereits in unserer Vergangenheit entwickelt haben. In seinem Buch erklärt Wladislaw Jachtchenko die ABCDE-Technik, mit deren Hilfe du diese Glaubenssätze auflösen und damit auch deine Körpersprache langfristig positiv verändern kannst – für ein Strahlen von innen heraus. Du wirst die zehn Gebote der Körpersprache und deren Facetten vom Blickkontakt bis zum Einsatz deiner Stimme kennenlernen. Und du erfährst, wie du die eigenen Grundwerte identifizierst und als Basis für dein Handeln und Wirken bestmöglich nutzen kannst.